前言

在当今快节奏的社会环境中，家庭对于儿童的早期教育日益关注和重视。越来越多的家长希望为孩子们提供一个健康、安全且富有启发性的成长环境。然而，在繁忙的日常生活中，如何科学有效地进行家庭教育，成为许多家长面临的巨大难题。

早在20世纪，玛丽亚·蒙台梭利博士就提出了一系列儿童教育的理论方法，如今，她的儿童教育理论和方法在全球范围内得到了广泛的应用和认可。

蒙台梭利认为，儿童天生具有探索和学习的能力，他们在自由且有序的环境中可以最大程度地发挥潜力。因此，她的教育理念强调教育者的任务是观察和尊重儿童的自然发展规律，提供适宜的环境和教具，为孩子创造一个支持他们自然发展的环境，让他们在自主活动中学习和成长。

蒙台梭利儿童教育理论的核心在于“敏感期”概念，即儿童在特定的发展阶段会对某些学习内容表现出特别的敏感性和兴趣。这些敏感期是短暂而关键的，抓住这些敏感期进行教育，可以事半功倍地促进儿童的身心发展。

本书正是基于蒙台梭利的儿童教育理论而策划，旨在为家长提供一个全方位、系统性的，特别是针对0~6岁儿童的家庭教养方案。通过详细介绍蒙台梭利的教育理念，以及如何在家庭环境中具体实施这些理念，帮助家长们更好地理解和应用蒙台梭利的教育理念，打造一个适合孩子们自由发展和探索的环境。

本书前半部分介绍了蒙台梭利的教育理念，包括儿童的身心发展特点、敏感期理论，以及如何根据这些特点制订合适的教养、场地和户外方案。后半部分则提供了60个具体的家庭游戏方案，涵盖感官训练、运动系统训练、智力发育训练和语言表达训练等多方面。每个游戏都详细介绍了游戏准备、游戏过程和游戏意义，可以让家长拿来就用，在日常生活中直接通过游戏有效地教育和培养孩子。

希望本书能够成为每位家长的得力助手，帮助家长在养育孩子的过程中，既充满信心，又能从中享受到无限的乐趣与成就感。通过科学合理的家庭教育，让每一个孩子都在自由、快乐和安全的环境中，健康成长，全面发展。

蒙台梭利

家庭早教方案

王　琳◎著

中国纺织出版社有限公司

内 容 提 要

本书基于蒙台梭利的儿童教育理论，旨在为家长提供一个全方位、系统性的蒙氏家庭教养方案。

本书前半部分介绍了蒙台梭利的教育理念，包括儿童的身心发展特点、敏感期理论以及如何根据这些特点制订合适的教养、场地和户外方案。后半部分则提供了60个具体的家庭游戏方案，涵盖感官训练、运动系统训练、智力发育训练和语言表达训练等内容。每个游戏都可以让家长拿来就用，方便家长在日常生活中直接通过游戏有效地教育和培养孩子。

图书在版编目（CIP）数据

蒙台梭利家庭早教方案 / 王琳著. -- 北京：中国纺织出版社有限公司, 2025. 1. -- ISBN 978-7-5229-2258-4

I. G781

中国国家版本馆CIP 数据核字第2024Y18Q52 号

责任编辑：刘 丹 向连英　　责任校对：王蕙莹

责任印制：储志伟

中国纺织出版社有限公司出版发行

地址：北京市朝阳区百子湾东里 A407 号楼　邮政编码：100124

销售电话：010—67004422　传真：010—87155801

http://www.c-textilep.com

中国纺织出版社天猫旗舰店

官方微博 http://weibo.com/2119887771

优奇仕印刷河北有限公司印刷　各地新华书店经销

2025 年 1 月第 1 版第 1 次印刷

开本：710×1000　1/16　印张：10

字数：105 千字　定价：46.80 元

目录

第一章

跟蒙台梭利一起

揭开儿童的教养秘密

第一节 儿童是一个谜

我们应该把儿童的这种神秘力量当作某种神圣的东西，并努力去展现，因为正是在这个创造性的时期，个人未来的个性被确定下来了。

——蒙台梭利《童年的秘密》

儿童并不是缩小版的成人，而是一个拥有独特发展规律和内在本能的神秘存在。在蒙台梭利的儿童身心发展理论中，人类的发展包含两个关键的胚胎期，即**“生理胚胎期”**和**“心理胚胎期”**。

生理胚胎期

“生理胚胎期”在母体内进行，是人与其他动物所共有的，在这一时期，胚胎相对脆弱，但其天生蕴藏两种本能：**一是主导本能，二是工作本能**。这两种本能在生理胚胎期并未显现，而是在孩子出生后会慢慢展现出来。

主导本能是儿童在与周围环境的交互中，所展现出来的自我适应与自我保护能力。这种本能主要表现在对环境的适应性，以及在危险面前对自我的保护，同时也体现在对外界的探索等方面。

具体来说，儿童拥有令人惊叹的环境适应能力，一方面，表现为当他们置身于陌生或变化的环境中，他们能迅速作出反应，调整自身状态。另一方面，儿童拥有的自我保护能力，表现为当面对危险物品或陌生人时，儿童通常会表现出谨慎或回避的态度。

工作本能描述的是儿童通过参与活动和工作来推动自我成长和发展的一种天然倾向。这种本能主要表现在儿童可以在自我驱动下去学习，并保持惊人的专注力。

受工作本能的激励，儿童会主动地选择并投入各种活动中。通过反复尝试，他们可以掌握新技能，吸收新知识。在工作本能的引导下，儿童还会展现出非凡的专注力，当他们对某项活动产生浓厚的兴趣时，就会长时间沉浸其中。

心理胚胎期

“心理胚胎期”指的是从出生到三岁的婴幼儿阶段。他们受内在创造力的驱动，开始积极地吸收外界的各种刺激与影响，不断积累经验。在这一过程中，他们逐渐构建起感知和心理的“器官”，最终孕育出丰富多彩的心理活动。因此，这一阶段对儿童心理的塑造具有举足轻重的作用。

“吸收性心智”是心理胚胎期的核心特点之一。吸收性心智指的是婴幼儿通过感官接触来感知环境，从而吸收外界信息，建立起对世界的初步认知和理解。这种独特的心智使他们能够自然而然地学习和模仿，为早期的语言学习、行为养成以及社会规范的学习奠定了坚实的基础。

儿童在学习语言时，并不会刻意记忆发音和词汇，而是通过听觉和生活中的言语交流，自然地吸收语言的规则和特殊用法。尽管他们可能从未有意识地记住任何语言规则，但通过日常生活中的互动，儿童逐步具备了发音的能力，并能够流利地使用语言。

蒙台梭利的教育理念为我们揭开了儿童成长的神秘面纱，让我们能够更加科学、有效地养育和教育孩子。通过尊重孩子的独特发展规律，保护他们的好奇心和探索精神，我们可以帮助孩子更好地实现自我构建，成长为独立、自信和有能力的人。

第二节 儿童教育始于其诞生时

在讨论教育发展之前，我们必须创造一个适宜的环境，这个环境将促进儿童天赋的正常发展。

儿童本身已经为一种教育方法的构建提供了实际的和明确的、甚至可以说已得到验证的原则。在这种教育方法中，儿童自己的选择是一个指导原则，他们的自然活力可以阻止错误。

——蒙台梭利《童年的秘密》

在儿童教育过程中，蒙台梭利特别强调了两个核心原则：**自由选择和重复练习**。这两个核心原则不仅能帮助儿童满足内在需求，还能提升他们的独立性和自信心。

自由选择

自由选择原则强调在学习的过程中，应赋予儿童自主选择活动和材料的权力，从而满足他们内在的需求和兴趣。具体来说，家长可以从以下两个方面来贯彻自由选择原则：

● 创造适宜的学习环境

为了确保孩子能够自由选择，家长们需要为他们打造一个安全、舒适且多样化的学习环境。例如，可以在家里设置一个低矮的书架，上面摆放各种适合孩子阅读的图书，这样孩子就可以轻松地选择自己喜欢的书籍进行阅读。

● 鼓励自主选择活动和教具

在保障安全的前提下，家长们还应该鼓励儿童根据自己的兴趣和需求来自主选择活动和教具。例如，在绘画活动中，可以为孩子提供水彩笔、蜡笔和油画棒等多种绘画材料，让孩子自由选择他们喜欢的绘画工具和图画风格。

重复练习

蒙台梭利的重复练习原则，强调儿童通过反复进行某一项活动，能够更牢固地掌握所学的技能和知识。作为家长，应该深入理解并实践蒙台梭利的重复练习原则，在各种场景下都积极支持儿童的重复练习行为。

● 日常生活中的重复练习

让孩子练习穿衣、扣扣子、系鞋带等活动。通过反复地练习，他们会逐

渐掌握这些基本生活技能。鼓励孩子自己洗手和刷牙，通过每天重复这些动作，不仅能提高孩子的手部灵活性，还能让孩子养成良好的卫生习惯。

● 教育活动中的重复练习

一方面，家长可以为孩子提供多样化的教具，让孩子通过重复练习来掌握知识和技能。比如，让孩子通过反复拼装同一个拼图，提高认知能力和解决问题的速度。另一方面，家长还可以反复进行角色扮演游戏，让孩子了解不同的社会角色和行为规范，提升他们的社交能力。

理解并应用这些原则，能为儿童的学习和成长奠定坚实的基础。

第三节 你不是孩子的“救世主”

> 儿童身上那些与成人环境不相协调的行为将不可避免地被成人所制止，成人并没有意识到自己的防御心态，却反而认为自己对儿童有着无私的爱和奉献的精神。
>
> ——蒙台梭利《童年的秘密》

蒙台梭利教育理念指出，认为自己是孩子的“救世主”的父母，很可能会成为孩子独立发展的绊脚石。

成人与儿童冲突的根源

蒙台梭利认为，成人与儿童之间的冲突，很多时候源于**成人未能充分尊重儿童的自主性**，主要表现为忽视儿童的自主性、过度保护儿童导致儿童对成人产生依赖，以及期待与现实的差距。这些冲突不仅影响了亲子关系，还阻碍了儿童的独立发展和自我成长。

● 忽视儿童的自主性

有些家长觉得只有全面掌控和指导孩子的所有活动，才能确保他们健康成长。但实际上，孩子们天生就具备强烈的自主意识和探索世界的渴望，他们希望凭借自己的努力来认识和适应周围环境。如果一个孩子喜欢自己挑选和搭配衣服，而家长却总是强行干预，那么孩子就可能会表现出抵触情绪。

过度保护导致儿童对成人产生依赖

因为爱和担心，很多家长会过度保护孩子，为孩子做所有的事情，实际上，这样做不但剥夺了孩子独立成长的机会，还容易使孩子过度依赖父母。当孩子想要自己爬上沙发时，如果家长因为担心安全而一直阻止或者帮忙，那么孩子就无法通过实践来锻炼自己。

期待与现实的差距

有些家长对孩子抱有过高的期望，希望他们能够迅速达到某些发展目标或展现出某种能力。然而，每个孩子的成长速度都是不同的，过高的期望只会给孩子带来更大的压力，影响他们的自然成长。

每个孩子都是独一无二的，他们有着不同的兴趣、能力和成长速度。家长们往往忽视了这些个体差异，这种忽视会让孩子感到不被理解和尊重。因此，作为家长，我们应该学会尊重和理解孩子的个性和成长速度，给予他们足够的支持和鼓励，让他们在自己的节奏中健康成长。

解决冲突的关键

了解了成人与儿童冲突的关键，才能从根源着手，解决冲突。**尊重儿童的自主性，适度管控与引导孩子的自由选择，则是解决这一问题的关键。**

● 尊重儿童的自主性

尊重儿童的自主性体现在允许他们自由探索和选择活动。如果孩子对积木感兴趣，则可以让他们自由选择积木的类型和搭建方式，从而培养他们的创造力和解决问题的能力。

● 适度管控与引导

在尊重儿童自主性的基础上，家长需要设立合理的界限，以确保孩子在安全和适当的范围内进行探索和学习，家长还应提供必要的支持和引导，帮助孩子克服困难。

比如，当孩子在搭建积木时遇到问题，家长可以问：“你觉得这里可以怎么改进？”通过引发孩子思考问题的方式来引导，而不是直接帮他们搭建。

蒙台梭利认为，通过给予孩子自由探索和自主学习的机会，提供适时的支持与引导，家长便可以减少与孩子之间不必要的冲突，帮助孩子健康成长。

第四节 小心幼儿的心理畸变

儿童所有的心理畸变都有一个原因，即儿童不能采取他独特的发展形式，因为他在自己的形成时期遇到了一个有敌意的环境。在形成时期，儿童的潜在能力应该通过实体化的过程展现出来。

——蒙台梭利《童年的秘密》

蒙台梭利认为，儿童在成长过程中会遇到各种心理畸变，理解这些心理畸变，并采取有效的预防措施，是家长们培养身心健康的孩子的关键。只有家长们用心去观察、去体会孩子成长中的每一个细微变化，才能及时发现潜在的问题，为孩子的心理健康筑起坚固的防线。

儿童心理畸变的原因

儿童心理畸变指的是儿童在成长和发展的过程中，因外部环境的不利影响和成人的不当干预，导致其心理和行为出现非正常发展的现象。

蒙台梭利认为，心理畸变主要源于儿童未能在适宜的环境中实现其潜在的能力，而在不适当的教育和成长条件下，儿童的自然发展轨迹被扭曲，从而产生的心理和行为问题。

● 外部环境的不利影响

如果儿童所处的环境不稳定、不友好，他们的心理发展会受到影响。比如，家庭暴力、父母离异、经济困难等因素，都可能使孩子承受巨大的心理压力，进而影响他们的正常成长。

● 成人的不当干预

如果家长过度控制、过度保护，或者对孩子抱有过高的期望，儿童的自主性便会被压制，他们会觉得自己被低估、不被尊重，从而产生心理问题，甚至出现行为问题。

儿童心理畸变的表现

在蒙台梭利儿童教育理论中，儿童心理畸变的表现形式多种多样，具体表现因个体和环境的不同而有所差异。识别这些表现是理解和解决儿童心理畸变的重要环节，如表 1–1 所示。

表 1-1　儿童心理畸变的表现形式和具体内容

表现形式	具体内容
神游	神游是儿童心理畸变的一种常见表现形式，主要表现为儿童无法集中注意力，常常沉浸在幻想中，表现为发呆、空虚和精神混乱。神游的儿童难以长时间专注于一项活动，往往会在游戏或学习时频繁变换目标，显示出明显的注意力分散的状态
障碍	一些儿童在学习上会出现问题，这并非是他们不努力，而是因心理障碍所导致的。这些障碍会阻碍他们的智力充分发展。有的儿童在学习特定科目时会感到困难，容易分心，甚至对某些学科产生强烈的抵触情绪。例如，有的儿童对数学持有强烈的反感态度，这便会导致他们在学习数学时产生强烈的挫败感
依附	一些儿童会表现出过度依附的心理特点，他们缺乏独立性和自信心。在日常生活和学习中，这些儿童常常需要成人的帮助和照顾。例如，有的儿童在独立完成任务时会表现出极大的不安和恐惧，显示出对成人的强烈依赖
自卑	自卑感强的儿童常常感到自己不如别人，缺乏自信和自尊。这种心理畸变可能源于成人的过度批评和贬低，使儿童对自己的能力和价值产生怀疑。例如，一个在学习上频繁受到批评的孩子，很可能会认为自己无论怎么学都学不好，进而失去对学习的兴趣和信心

续表

表现形式	具体内容
恐惧	恐惧表现为儿童对特定事物或情境的过度害怕。这种恐惧可能源于过去的负面经验或成人的恐吓。例如，一个曾在黑暗中受到过惊吓的儿童，会对黑暗产生强烈的恐惧感，这种恐惧感会伴随儿童很长时间，甚至在成年后依然挥之不去
说谎	说谎是儿童自我防御的一种表现，同时也是一种心理畸变的表现。一些儿童会通过编造谎言来逃避惩罚或满足自己的需求，这种行为往往是由于环境的压迫或成人的威胁所致。一个为了避免责罚而编造谎言的孩子，可能在日常生活中受到了过多的压力，并通过说谎逃避过指责，进而逐渐养成了说谎的习惯

儿童心理畸变是一个既复杂又普遍存在的问题，深入探究其产生的根源和外在表现，对于有效解决问题至关重要。为了助力儿童走出心理困境，家长需要为儿童构建一个安全、支持性的成长环境，避免给儿童带来过大的压力。此外，与孩子进行真诚、有效的沟通也是必不可少的，这有助于及时了解他们的内心需求和困惑，从而为他们提供更有针对性的帮助。

第二章

环境大改造：快速掌握

蒙氏家庭环境打造方案

第一节 蒙氏家庭环境打造原则

成人应该努力了解儿童的需要，最好给儿童提供一个适宜的环境，使他们得到满足。只有这样，才能开创一个教育的新纪元，从而给儿童的生活带来真正的帮助。

——蒙台梭利《童年的秘密》

在儿童教育环境上，蒙台梭利指出，为儿童营造一个与其生理及心理发展相契合的环境，是至关重要的。一个优质的教育环境，不仅能够极大地激发儿童对学习的兴趣，更能在潜移默化中培养他们的自主性、创造力和解决问题的能力，为他们未来的人生打下坚实的基础。

我们一起来了解一下蒙台梭利关于家庭环境打造的理念与方法，努力为孩子营造一个既充满温暖爱意，又兼顾自由与秩序的成长空间！

蒙氏教育环境的特征

在蒙台梭利儿童教育理论中，儿童的教育环境应该具备以下几个特征。

● 自由发展的环境

在规划空间时，家长应最大限度地减少不必要的物理障碍，为儿童开辟一片天地，让他们能够无拘无束地活动。

在实际生活中，一些家长出于对儿童安全的考量，选择用围挡、栅栏等物将儿童限制在一个预设的安全区域内。这样的做法，虽然初衷是好的，却无意中违背了“自由发展的环境”要求。

● 有秩序的环境

教育空间应当既井然有序又宁静祥和，这可以让儿童在一个稳定的环境中生活和成长。这就要求家长在日常生活中营造一种规律性和一致性，确保儿童所处的环境是稳定可靠的。

具体而言，家长应尽量避免在短时间内对家庭环境进行大幅度的变动，如频繁更换家具布局。这样可以减少儿童因环境突变而感到的不安，帮助他们建立起对周围世界的信任感和安全感。

● 生气勃勃的环境

教育空间应当充满活力，让儿童在快乐轻松的氛围中自由活动与学习，始终保持积极向上、精神饱满的状态。因此，家长在为儿童挑选生活用品、规划家居布局时，需要特别考虑他们的年龄特征、

兴趣爱好以及身体发展的实际需求。

蒙氏家庭环境打造的基本原则

在着手打造一个理想的家庭环境时，家长们应当遵循以下几条基于蒙台梭利教育理念的指导原则。

● 安全健康

家长们在布置和规划家居空间时，务必要把儿童的安全健康问题置于首要考虑的因素，不遗余力地消除任何可能对儿童构成威胁的“安全隐患”。

具体来说，家长们需要先细心检查家中的每个角落，确保没有任何边缘锋利且易碎的物品，还要保证孩子远离有毒物质或其他潜在的危险。所有的家具和装饰物件都应当稳固可靠，边缘圆滑无锐角，以防儿童在日常玩耍中不慎碰撞受伤。

此外，对于家中的电源插座位置、楼梯口、窗户等易发生意外的区域，家长们必须安装相应的安全防护设施，如插座保护盖、楼梯门栅、窗户限位器等，这样可以有效防止孩子因好奇探索而遭遇不必要的伤害。

总的来说，打造一个安全健康的家庭环境，需要家长们在细节上下足功夫，从源头抓起，为儿童的成长之路架设一道坚实的保护网。

● 简洁有序

一个井然有序、不冗杂的环境，能够有效地助力儿童提升注意力，并在日常点滴中逐步培养儿童卓越的自我管理能力。

为了实现这一目标，家长们应当着手减少家庭环境中的多余物品，保持空间的整洁与开阔。这样可以大大减少视觉上的干扰，让儿童在参与各种活动时能够更加专注，心无旁骛。

同时，为了引导儿童形成良好的习惯，家长们应当在家中明确划分出不同的活动区域，如阅读区、活动区以及生活实践区等。通过清晰的区域界限，儿童能够轻松理解每个空间的特定用途及相应规则，从而在潜移默化中养成遵循秩序的好习惯。

除此之外，家长们还应当为每样物品设定固定的摆放位置。这样，儿童在需要时便能迅速找到所需物品，并在使用后轻松归位。这一过程不仅能够锻炼儿童的整理能力，还能帮助他们理解物品的分类原则与秩序的重要性。

● 灵活适配

蒙台梭利教育理论还强调环境的灵活适配，这种原则不仅能满足儿童的即时需求，还能支持他们的长期发展。

首先，在家具的选择上，家长们应当着眼于那些专为儿童量身打造的款式，比如高度适宜、边角圆滑的桌椅，易于取阅的书架以及安全舒适的床铺。这样的设计不仅便于儿童使用，还能激发他们的独立性。

其次，随着儿童年龄的增长和兴趣爱好的变化，家庭环境的布局与学习材料配置也应当随之灵活调整。通过更换装饰、增添新的学习材料等方式，保持环境对儿童的吸引力，可以支持他们不断探索、持续成长。

最后，家长们可以通过设置一些可操作的墙面装饰、互动游戏区或是共同创作的艺术角落，鼓励儿童积极参与环境的塑造，让他们在与环境的互动中培养创造力、协作能力和解决问题的能力。

通过遵循这些原则，家长便可以在家中为儿童打造一个相对完美的环境，让他们在探索和学习中快乐成长。

第二节 安全温馨的蒙氏儿童房

我们的儿童之家给孩子提供了能自由活动的环境，我们的学校没有固定的模式，我们可以根据可利用、可调配的资源以及能给孩子提供的机会，进行多样化的设计。儿童之家是一个真正的“家”，它像家一样，有一些房间、一个花园，而孩子们自己是这个“家”的主人。

——蒙台梭利《蒙台梭利手册》

儿童房是孩子们生活和学习的重要场所，一个精心设计的蒙氏儿童房不仅能满足孩子们的基本生活需求，还能激发他们的好奇心和自主性。根据不同的年龄段，儿童房的设计需求有所不同，这样才能适应不同年龄孩子的成长和发展需要。

0～1岁：主打安全舒适

在0～1岁的宝贵时光里，婴儿房几乎成了宝宝探索世界的第一个小天地。因此，家长们可以根据蒙氏家庭环境打造的“安全健康”原则，为宝宝们营造一个既安全又舒适的婴儿房环境。

精心挑选婴儿床

在为宝宝挑选婴儿床时，安全始终是我们关心的首要因素。因此，家长们务必要选择那些严格符合国家安全标准的婴儿床，确保宝宝能够在一个安全的婴儿床上安睡。床垫的选择同样不容忽视，过软或过硬都可能对婴儿的骨骼发育造成一定的影响。

为了方便日常照料，家长们还应尽量选择高度适中的婴儿床。这样的设计不仅能让家长们在抱宝宝起床或放下时更加轻松省力，还能确保宝宝在床边活动时更加安全。同时，床边装上护栏也是必不可少的，它能有效防止宝宝在翻滚或玩耍时意外掉下床，为宝宝的安全又提供一道保障。

巧妙选择教具

为了充分激发宝宝的好奇心与学习欲望，家长们还可以精心挑选一些简单安全的玩具作为教具，如布偶和摇铃。

布偶触感舒适，能够给宝宝带来安抚与陪伴。不同颜色、形状和材质的布偶，也能刺激宝宝的视觉与触觉发展。宝宝在与布偶的互动中，可以初步感受到物体的不同特性，为日后的认知发展打下基础。

通过摇铃发出清脆悦耳的声音，吸引宝宝的注意力，激发他们的好奇心。宝宝在摇晃摇铃的过程中，不仅可以锻炼手部肌肉的力量，还能通过听觉刺激，促进听觉能力的发展。

营造舒适环境

在蒙氏儿童房的设计中，色彩与光线的搭配也很重要。在色彩的选择上，建议以柔和温暖的色调为主，避免使用过于刺眼或过于暗淡的颜色，以免对宝宝的视觉造成不良刺激。

有条件的话，家长们要充分利用自然光，使房间保持明亮温馨。自然光的照射不仅能让宝宝感受到大自然的温暖，还能促进他们体内维生素 D 的合成，有助于骨骼的健康成长。

1 ~ 3 岁：主打灵活有序

随着儿童步入 1 ~ 3 岁的成长阶段，他们开始对世界充满好奇，并尝试着发展自己的独立性。在这个阶段，根据简洁有序与灵活适配的原则，为儿童打造一个既能满足他们探索欲望，又能培养其独立能力的儿童房，就显得非常重要。

选用低矮的家具

为了方便儿童自主使用，推荐选择符合他们身高的低矮家具，比如小尺寸的床、矮桌子以及小椅子等。这样，儿童就能够轻松地爬上爬下，自由地在房间里进行各种活动，家长们只要从旁看护，确保安全就可以了。

设置储物空间

为了方便儿童自主管理自己的物品，家长们可以在儿童房内设置开放式的储物架或储物箱。开放式的储物架可以让孩子一目了然地看到自己的玩具、书籍等物品，方便他们随时拿取和归位。而储物箱则可以用来存放一些零散的小物件，让房间看起来更加整洁有序。

在设置储物空间时，家长们要考虑儿童的身高和年龄特点，将

储物架或储物箱放置在儿童能够轻松触及的位置。这样，儿童就可以在没有家长帮助的情况下，自己整理玩具和书籍，从而逐渐培养自主管理物品的能力和责任感。家长们也可以利用储物空间的设置，引导儿童进行分类整理。比如，可以为不同的玩具和书籍指定专门的储物区域，让儿童在整理时能够有条不紊地进行。

● 灵活调整家居配置

1~3 岁期间，儿童身体与心理的发展变化很大。这一时期，儿童房作为孩子日常活动的重要场所，其家具配置也应当紧随孩子的成长进行灵活适时的调整。

考虑到儿童身高体重不断增长，家长们应适时调整家具的高度和尺寸。例如，随着孩子学会站立和行走后，原本低矮的婴儿床可以逐渐替换为更适合大龄儿童的床，同时配备可调节高度的桌椅，以适应孩子不同阶段的身高需求。

3～6岁：主打学习与创造

在3～6岁这一成长阶段，孩子们的好奇心愈发旺盛，他们的动手能力和认知能力也在持续增强。此时的儿童房不仅仅是一个休息的场所，更应是他们学习与创造的乐园。为了满足孩子们的全面发展需求，在设计儿童房时需兼顾安全性、舒适性和灵活性，确保环境可以随时根据孩子的成长进行调整和更新。

● 阅读区域

在蒙氏儿童房中，阅读区域是一个既舒适又充满吸引力的空间，在这里，儿童可以静下心来，沉浸于丰富多彩的书海之中。为了营造这样一个理想的阅读环境，家长们需要细心考虑每一个细节。

家长们应该选择符合儿童身高的小椅子、沙发或软垫，确保儿童在阅读时能够保持舒适的坐姿。同时，家长们应为儿童提供丰富多彩的绘本、故事书和学前读物，这些书籍应涵盖多样的主题和内容，如童话、科普、历史等，以满足他们不同的阅读兴趣。

柔和的照明也是营造温馨阅读氛围的关键，家长们应避免使用强光直射的灯具，而应选择那些能够散发出柔和光线的照明设备，如落地灯、台灯或壁灯等。在柔和的灯光下，儿童可以更加专注地阅读，享受宁静与美好的阅读时光。

● 展示区域

展示区域是孩子们展现自我、分享成果的平台，这个区域应设置在显眼且便于更新的位置，让孩子们可以随时展示自己的新作品。

家长们可以在儿童房的一面墙上设立展示板或软木板，供儿童展示他们的绘画、手工作品和学习成果。

除了墙面展示板外，家长们还可以为儿童设置稳固且高度适中的展示架或柜子。这些展示架或柜子应美观且实用，能够容纳儿童的立体作品，如雕塑、模型等。同时，还可以用来放置儿童获得的奖杯、证书等，让孩子们在展示自己的成果的同时，获得满满的成就感。

在不同的年龄阶段，蒙氏儿童房的打造都有不同的要求，但不论怎样打造，都离不开安全健康、简洁有序、灵活适配这些基础原则。此外，家长们也可以充分发挥自己的创造力，打造出更为完美的蒙氏儿童房。

第三节 可灵活调整的儿童活动区

根据我们的经验，要让人感觉舒适，就一定要让房间的地面有一半是空着的，不要摆放任何东西。这就是令孩子们愉快的、可以自由活动的空间，孩子们在这里肯定要比在一个布满家具的中等大小的房间里感觉舒服得多。

——蒙台梭利《发现孩子》

儿童活动区是儿童进行自由活动和与家长互动游戏的场所，这一区域的设计，不仅要符合儿童的年龄和发展需求，还要尽量减少空间浪费，合理利用家庭环境，为孩子提供一个自由、安全、适合探索的空间。

0～1岁：以感知体验为主的活动区

在0～1岁这个关键成长阶段，宝宝们主要通过感知周围环境来探索世界。因此，为他们设计一个注重感官刺激且安全的活动区域显得尤为重要。

家长们可以在婴儿床旁或客厅中央，根据空间大小，为宝宝规划一个专属的安全活动区。尽管此时他们还未学会独立行走，但家长们可以在这个区域内引导他们伸展四肢、学习翻滚和爬行，并参与一些简单的亲子游戏，如被动健身操、快乐肥皂泡、抓娃娃等。

为了促进宝宝的感官发展，家长们还可以在活动区四周放置色彩鲜艳、形状简单的玩具，如摇铃、黑白卡片等。同时，在墙边放置一面小镜子，让宝宝试着观察自己，这样有助于他们逐渐发展出自我意识。

安全健康是设计这一区域的首要原则。家长们应在活动区域内铺设柔软且防滑的垫子或毯子，确保宝贝在爬行、翻滚或尝试站立时得到充分的保护，避免任何意外发生。

1～3岁：以探索创造为主的活动区

当儿童进入1~3岁的成长阶段，他们的好奇心和探索欲愈发强烈。这一时期，活动区应当成为他们自由探索、尽情创造的乐园。因此，在布置活动区时，需注重激发他们的探索欲望，同时保持环境的稳定性和秩序感。

相较于前一阶段，此时的活动区功能要更加多样化，这样才能满足儿童日益增长的好奇心。家长们可以在室内规划出一片专属的活动区域，装备各式各样的积木、拼图、绘画工具等益智玩具，鼓励儿童投身到各种创造性和探索性的活动中去。这样不仅能够锻炼他们的动手能力，更能点燃他们的想象力与创造力。

此外，家长们还可以在这个区域内设置低矮的玩具架，将各类感官玩具和建构玩具分门别类地摆放好，让儿童能够轻松自由地拿取。借此机会，家长们还可以引导儿童学习按秩序归放物品，进一步培养他们的秩序感。

在这个活动区内，增添一些小型运动设施也是个不错的选择，比如小型滑梯、攀爬架、平衡板等，让儿童在攀、爬、滑的运动中享受乐趣。当然，选择这些设施时，务必确保它们配有防护措施，并且尺寸适合儿童的身高和体重，以防止意外发生。在儿童活动时，家长们需要在一旁细心看护，切勿让儿童独自使用这些器具。同时，这也是一个向儿童传授规则意识、强调遵守规矩重要性的好时机。

3~6 岁：以独立活动为主的活动区

当儿童步入 3~6 岁这一阶段，他们的独立性与创造力会显著增强，他们开始倾向于自主地探索与学习，以及参与各类活动。因此，为这一阶段的儿童设计的活动区域，应当有多样化的选择，以此来激发他们的创造力，并培养他们独立解决问题的能力。活动空间应尽量宽敞开阔，若地面空间有限，不妨利用墙面来拓展活动范围。

涂鸦墙

家长们可以考虑在墙面上设置黑板或白板，为儿童提供一个自由涂鸦的空间。这样不仅能点燃孩子们的创作热情，还能有效锻炼他们的动手能力与想象力。这里要尽量选择可擦洗的黑板漆或白板漆，确保墙面能够反复使用，这样既经济又环保。

互动游戏设备

在活动区域内，家长们还可以添置一些互动性强的游戏设备，如跳绳、呼啦圈等。在选购这些设备时，应优先考虑安全可靠的品牌，确保儿童在玩耍时不会受到伤害。对于居住在楼房中的家庭，还需注意隔音问题，以免给邻居带来不必要的困扰。

墙面互动设施

如果条件允许，家长们还可以充分利用墙面空间，如安装攀岩

墙、爬网等设施。这些墙面互动设施必须安装得牢固可靠，并要定期进行检查与维护，确保不存在任何安全隐患。在儿童活动的过程中，家长们应始终在场看护，严禁儿童独自使用这些设施，以确保他们的安全。

相较于儿童房的布置，儿童活动区的打造需要考虑的因素更多，也更复杂，既要考虑家庭空间问题，又要考虑设施选择问题，同时还要确保把安全防护工作做到位。因此，家长们完全可以根据自己家的实际情况，灵活审慎地打造儿童活动区，无须强求每个细节都尽善尽美。

通过巧妙构思与精心布置，家长们可以为儿童营造一个既安全又灵活多变、充满无限乐趣的活动天地。在这个小天地里，家长们通过与儿童共同参与各式各样的互动游戏，不仅能有效促进儿童的身心发展，还能增进亲子关系。

第四节 开放的生活实践区

我们应该给孩子练习自己做事的机会。因为只有在不断的练习中，他们才能取得发展和进步。就像孩子并不是完全因为觉得好玩而去洗手，他们是觉得自己能够完成这件事情才去做的。孩子发展自身能力的根本是在生活的实践中自己动手。

——蒙台梭利《发现孩子》

在蒙台梭利的教育理念中，生活实践区也是家庭环境中不可或缺的部分。在这个区域内，儿童被鼓励参与到家庭的日常活动中，比如烹饪、打扫、园艺等。通过这些亲身实践的经历，儿童不仅能够学习到实用的生活技能，还能增强自信心，提升自我效能感。

生活实践区和儿童活动区虽然都为儿童提供了丰富的学习和娱乐机会，但两者在侧重点上有所区别。儿童活动区主要聚焦于儿童的自由玩耍和游戏，旨在通过这些活动促进他们的身体协调性和感官能力的发展。相比之下，生活实践区则更加重视儿童的实际动手操作能力，以及日常生活技能的培养，鼓励儿童参与到家庭事务中来，通过实践活动掌握基本的生活技能。

生活实践区应该是一个安全、易于清洁且功能齐全的区域，所有的工具和设备都应当根据儿童的身高和能力进行适当调整，以便他们能够轻松操作和使用。与儿童活动区相比，生活实践区的设置更加灵活多变，家长们可以根据家庭的实际情况和需求来进行设计，而且具体的区域划分也不必拘泥于固定的模式。

烹饪区域

烹饪区域是生活实践区的一个重要子区域。这里就像是一个小型的儿童厨房，配备适合儿童使用的各种厨房用具，儿童可以在这里学习基本的烹饪知识。家长还可以在这里与儿童进行一些辨别不同蔬菜水果之类的认知提升游戏。

家长们可以在厨房的一角或独立的空间设立小型的儿童厨房。选择一些轻便、安全的儿童用炊具和餐具，如塑料刀、硅胶搅拌器

等。一定要确保所有用具都是安全的，并且都放置在儿童不容易拿取的地方，需要由家长来指导使用。

园艺区域

园艺区域也是一个重要的生活实践区。在这里，儿童可以学习如何照顾植物，掌握种植、浇水、施肥和修剪等园艺技能。一般来说，这一区域比较适合放置在阳台，对于养花的家庭来说，搭建这一区域是非常方便的。

家长可以在阳台或窗台设置一个小型的种植角，准备一些花盆、泥土和种子，教孩子如何播种和照顾植物，观察植物的生长过程。在选择植物方面，尽量选择容易生长的植物，如豆芽、香草植物等，确保种植过程简单、有趣，同时还要防止孩子误食泥土。

清洁区域

清洁区域并不是一个固定的生活实践区，只要给儿童一个水盆，哪里都可以是清洁区域。当然，如果想要免去后续清理的麻烦，那最好还是将这一区域设置在卫生间。在这里，儿童可以学习如何进行简单的洗衣任务，如分类衣物，使用洗衣盆、清洁液等。

家长们可以准备一个小洗衣盆、一些衣夹和一条低矮的晾衣绳，教儿童如何将脏衣服分类放入洗衣盆中，用手洗涤，并将洗好的衣物晾挂起来。这里一定要注意使用温和的洗涤剂，确保安全且易于操作。这里特别强调一下，对于0～6岁的儿童来说，应暂时避免让他们接触洗衣机等复杂的电器。

手工DIY区域

手工DIY区域并不能严格算作生活实践区，因为不少家庭会在儿童活动区中为儿童设置手工制作的活动场所。不管设置在哪里，其所起到的作用都是相同的。在这里，儿童可以进行各种手工制作活动，如剪纸、粘贴、绘画等。儿童也可以在这里学习一些简单的修理技能，如修补玩具、使用简单的工具等。

家长们可以在客厅准备一个小桌子和一个小工具箱，工具箱里面放置一些手工制作材料，或是一些安全的工具，如塑料锤子、胶带等。家长们要确保所有工具和材料都安全无毒，且适合孩子使用。在操作过程中，家长还要提供适当的保护措施，如围裙和报纸垫，以防止孩子弄脏衣物，或出现安全事故。

养殖区域

养殖区域也可以称为“宠物护理区域”。在这里，儿童可以学到一些动物养殖的知识，也可以学习照顾动物的技能，比如喂食、清洁、梳理等，这可以培养他们的责任感和爱心。

如果家中养了宠物，可以专门设置一个宠物护理角，配备一些宠物用品，如刷子、食盆、水盆等。在这里，家长们可以教儿童如何正确喂食、给宠物梳毛及清洁宠物用品等。如果家中没有养宠物，家长们也可以通过养金鱼这类不占空间且易成活的动物，来为儿童设计一个养殖区域。

通过生活实践区中的活动，儿童可以掌握许多实用技能。同时，参与家庭事务也能让儿童感受到自身在家庭中的重要性，培养他们的责任感。总的来说，生活实践区的设立，为孩子们的全面发展提供了坚实的基础，是家庭教育中不可或缺的一部分。

第三章

不可错过的儿童敏感期

儿童敏感期指的是儿童在某些特定时间段内，会对某种特定活动或事物产生特别的兴趣，并展现出极高的学习能力。在这个阶段，儿童能够迅速吸收和掌握与之相关的知识和技能。

了解儿童敏感期，有助于家长和教育者更准确地把握孩子成长的节奏和需求。在敏感期内，给予孩子适宜的环境和刺激，可以激发他们的内在潜能，让孩子的各项能力得到更充分的发展。同时，也能避免因错过敏感期或不当干预而导致孩子在某些方面的发展受阻，为孩子的未来奠定坚实的基础。

第一节 语言敏感期

在语言敏感期内，儿童对语言的学习和模仿能力特别强，对周围世界的每一种声音、每一个词汇都充满了好奇。他们不仅能够迅速记住新的词汇、语法结构，还能模仿大人的发音，掌握语言的韵律与节奏。

因此，家长们应当扮演好引导者的角色，为儿童构建一个多元化、富有启发性的语言环境。除了日常的亲子对话外，家长不妨多为孩子讲述一些童话故事，以激发孩子的想象力。

这段时期也是儿童学习多种语言的最佳时机。儿童在这个阶段能够轻松地吸收和区分不同语言的发音和用法。因此，如果家庭条件允许，双语或多语教育也应该在这一阶段进行，效果会非常显著。

第二节 秩序敏感期

蒙台梭利认为，儿童的秩序感有两种，一种是外部秩序感，另一种是内部秩序感。

外部秩序感是儿童在成长过程中对周围环境的秩序所表现出的一种敏感性和需求。比如，当儿童发现身边的物品被放置在“正确”的位置时，便会高兴；当他们发现身边环境发生变化或物品被调整了位置时，便会感到难过、不安。

内部秩序感指的是儿童心理层面对于自身内在世界一种秩序的需求。从认知发展角度来看，内部秩序感能帮助儿童建立起对自我的认知体系。从行为表现上看，内部秩序感能促使儿童形成一定的行为习惯和规律。

家长们可以通过确立固定的日常作息时间和保持环境的整洁有序，来满足儿童对秩序的需求。这有助于培养他们的自律性，帮助他们更好地理解和遵守规则。

第三节 感官敏感期

在感官敏感期内，儿童通过视觉、听觉、触觉等多维度的感官体验，逐步构建起自己对这个世界的认知框架。他们会对周围环境中的色彩、声音、气味等元素展现出浓厚的兴趣，这正是他们探索世界、学习新知识的方式。

作为家长，我们应当为他们提供丰富多样的感官刺激。比如，为他们准备色彩斑斓的玩具和图画书，激发他们的视觉感知；播放不同类型的音乐，让他们感受旋律与节奏的美妙；鼓励他们触摸不同材质的物品，增强触觉敏感性。这些活动不仅能够丰富儿童的感官体验，还能促进他们大脑神经网络的连接，为日后的学习和成长奠定坚实的基础。

第四节 运动敏感期

在运动敏感期内，儿童的身体和神经系统快速发展，对各种运动表现出强烈的兴趣和需求。在这一关键阶段中，儿童不仅会对爬、跑、跳等大运动技能产生浓厚的兴趣，还会逐渐掌握精细运动技能，如抓握物品、拼搭积木、绘画涂鸦等。这些技能的发展，对于儿童的成长具有至关重要的意义。

作为家长，我们应当积极参与到儿童的运动活动中，与他们一起进行互动游戏，如追逐、抛接球、搭积木等。通过这些活动，不仅能增进亲子关系，还能引导儿童更好地掌握运动技能，提升他们的身体素质和手眼协调能力。这样的陪伴与互动，将为儿童在运动敏感期的成长提供有力的支持。

第五节 智力发展敏感期

在智力发展敏感期内，儿童对学习文化的热情很高，他们的心智仿佛一片肥沃的土地，亟待家长们播撒下文化的种子。除了对文化知识产生浓厚的兴趣，他们的逻辑思维能力也在慢慢发展。无论是天上的日月星辰，还是地上的走兽家禽，他们都会提出数不清的“为什么”，要家长们来解答。正是这些不懈的追问，让他们在探寻答案的过程中，提升了文化素养和逻辑思维能力。

因此，在这一时期，家长们要耐心回答儿童的问题，满足他们的求知欲。通过这样的一问一答形式，儿童不仅能够更好地认识客观世界，还能在无形中提升他们的智力水平。有必要的话，家长还可以安排一些智力发展方面的训练，以游戏的方式，来陪伴儿童一同探索这个奇妙的世界。

第四章

0~1 岁儿童

敏感期教养方案

第一节 0～1岁儿童的身心发展特征

儿童在0～1岁时，身体、感官、语言和认知能力飞速发展。身体的快速发育、感官的敏锐觉察、认知的初步形成以及情感依附关系的建立，使得这个阶段的儿童从完全依赖成人的状态逐渐成长为能够独立进行简单活动的个体。

身体的发展

在出生后的第一个月，婴儿的体重和身高会迅速增加。通常在1岁时，婴儿的体重会是出生时的两倍，身高也会有显著增长。在身体控制方面，最初的几个月，婴儿逐渐学会控制自己的头部。从抬头、翻身到坐起，这是身体控制力发展的重要里程碑。

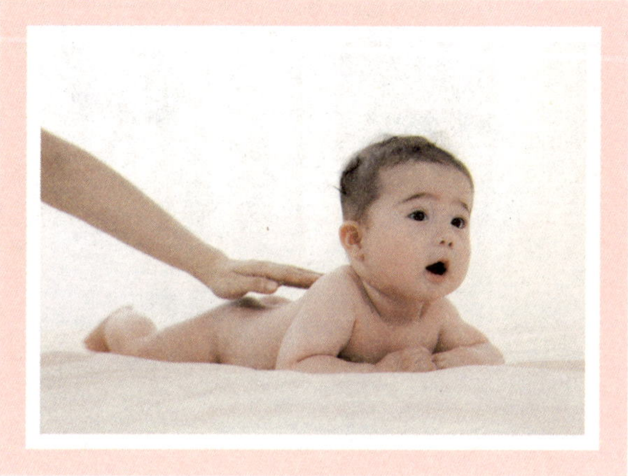

在0～1岁，婴儿的手部精细动作也会不断发展。在这一阶段，

他们会开始用手抓握、感受物品，并逐渐锻炼手眼协调能力。

感官的发展

新生儿的视觉能力有限，但在刚出生的几个月内，他们的视力迅速改善，能够追踪移动的物体和注视人脸。在色彩识别方面，婴儿对黑白对比强烈的图像更感兴趣，几个月后，他们会开始识别和偏好鲜艳的颜色。

婴儿出生时就能对声音作出反应，对人声格外敏感。随着听觉能力的发展，在这一阶段，婴儿能分辨不同的音调和语调，并对高音和母语的语调表现出特别的兴趣。在0～1岁，婴儿还会通过触摸来感知物体的质地和温度。对于不同味道的食物，婴儿也会表现出不同的反应。

语言的发展

在语言发育方面，婴儿第3～4个月时，开始发出咿呀学语的声音，如“啊、哦、咕”等。虽然这些声音并不具有特定的意义，但它们是婴儿语言发展的重要标志。在第6～9个月时，婴儿能够模仿一些简单的语音，如重复“爸，爸”“妈，妈”等音节。此时，虽然婴儿还不能理解这些词的具体含义，但他们已经开始通过模仿成人的语音来练习发音技巧。到1岁左右，婴儿对一些常见词语的理解逐渐增强，部分婴儿开始使用简单的词汇，如“妈妈”“爸爸”“拿”等来表达自己的需求或意愿。

认知的发展

0～1岁是婴儿认知发展的关键期，他们会通过观察、模仿和互动来理解世界。在这一阶段，虽然婴儿还无法进行明确的逻辑推理，但他们已经开始展现出初步的因果关系意识。比如，当婴儿发现按下一个按钮就会有灯亮或音乐响起时，他们会反复按压按钮，并试图通过重复这一行为来再次获得相同的结果。

0～1岁的婴儿注意力持续时间较短，但他们会对新鲜的、有趣

的事物表现出极大的兴趣。比如，当婴儿对一个玩具产生浓厚兴趣时，他们可能会长时间地盯着它看或尝试抓取。

婴儿在0～1岁阶段已经开始显示出初步的记忆能力。尽管他们的记忆还不成熟，但一些特定的事物或人物会被婴儿记住。比如，他们会记住父母的声音和面孔，并在看见或听到熟悉的人时表现出明显的兴奋和安全感。

情感的发展

0～1岁的婴儿情感发展主要体现在与主要照护者的依附关系上。在这一阶段，婴儿会与主要照护者（通常是母亲）形成强烈的依附关系，这种依附感是婴儿情感安全的基础。婴儿还会通过哭泣、微笑、咿呀学语等方式来表达自己的情感需求和状态。

这一时期，婴儿对面部表情也非常敏感，他们会通过观察别人的表情来理解情感和意图。虽然他们还不懂得互动的意义，但这一时期的婴儿是很喜欢与人互动的，他们会对照护者的微笑和言语作出回应，这种互动也是他们情感发展的一种表现。

0～1岁是儿童成长过程中的首个关键阶段，在这段重要的成长时光里，儿童会经历多个敏感期，对某些特定的刺激或活动表现出异乎寻常的敏感和浓厚兴趣。家长们可以根据这一时期儿童的身心发展特征，围绕不同的敏感期来设计教养方案和游戏方法。

第二节 语言敏感期教养方案及游戏方法

在 0 ~ 1 岁，婴儿虽然尚不能表达完整的语言，但已经开始通过聆听、模仿和发声来积累语言的基础。家长在这一阶段的语言引导非常关键，可以为他们未来的语言能力打下良好的基础。

语言敏感期教养方案

家长应尽可能多地与婴儿互动，使用丰富的语言进行交流。无论是喂奶、换尿布，还是日常的家庭活动，都可以通过描述发生的事情来增加婴儿的语言输入。例如，喂奶时告诉他们“现在我们要喝奶了”；展示玩具时对他们说“这是你的玩具小熊”。这种语言环境能够帮助婴儿逐渐理解词汇与实际物体或行为的关联。

家长还可以通过多样化的声音刺激，激发婴儿对语言的兴趣。可以为他们朗读绘本、唱儿歌、讲故事，使用不同的语调和表情吸引他们的注意力。在婴儿发出咿呀学语的声音时，家长应积极回应，模仿他们的声音，并鼓励他们继续发声，进行初步互动。

除此之外，家长还可以通过一些特定的游戏，来有效地支持 0 ~ 1 岁婴儿的语言能力发展，为他们未来的语言学习奠定坚实的基础。

语言敏感期的游戏方法

牙牙学语

游戏准备室

1. 准备一些色彩鲜艳、形状各异的玩具，这些玩具可以发出声音或有不同的质感，能够吸引宝宝的注意力。

2. 准备一些图片色彩鲜艳、图案简单的图画书，适合 0～1 岁的宝宝阅读。

游戏体验馆

1. 父母通过模仿动物的叫声、唱简单的儿歌或发出夸张的声音来引起宝宝的兴趣。每次发声时，可以将宝宝的注意力集中在发声的物体或图画上。例如，“看，这是小猫，喵喵喵！”

2. 当宝宝尝试发出声音或模仿父母时，父母应及时给予回应，并鼓励宝宝继续。例如，当宝宝发出“啊”或“呜”声时，父母可以回应：“宝宝在说话呢，真棒！”

3. 父母拿出不同的玩具或图画书，指着上面的物品，用清晰的语音说出它们的名称。如“这是一个球，球，球”，然后让宝宝看着球并尝试发声。

4. 在游戏过程中，父母可以用夸张的表情和动作增加游戏的趣味性和互动性。

游戏纪念册

“牙牙学语”游戏能够提升宝宝的语言发展和认知能力。通过与父母的互动和模仿，宝宝可以逐渐学会发声和理解简单的词汇，增强自身的语言表达能力和沟通能力。

说说这是谁

游戏准备室

1. 准备一些家庭成员的大照片，上面有爸爸、妈妈等。

2. 为每张照片做一个标签，来标示照片中人物的身份。

游戏体验馆

1. 父母将几张家庭成员的照片展示给宝宝看，同时用清晰且柔和的声音一一介绍，比如："这是爸爸，这是妈妈。"介绍过程中语速可以慢一些，语调可以拉长一些，比如："这是爸——爸，妈——妈。"

2. 完成介绍后，父母可以将宝宝的手指引导到每张照片上，说："这是谁呀?是爸——爸！"在这个过程中，父母要多鼓励宝宝注视照片，仔细聆听。

3. 当宝宝对某个照片表现出兴趣时，家长可以进一步描述，同时用手指轻轻点触照片中的细节。比如："爸爸在笑，妈妈在抱你。"

4. 重复展示这些照片，并不断地强化相应的词汇，通过反复讲述，可以帮助宝宝将图像和词汇联系起来。

游戏纪念册

"说说这是谁"游戏可以帮助儿童将熟悉的面孔和简单的词汇联系起来，促进其语言理解能力的发展。同时还能增强儿童对家庭成员的认知，促进其对亲情的理解。

猜猜在哪里

游戏准备室

1. 准备一些宝宝喜欢的玩具或小物品，如毛绒玩具、小汽车、摇铃等。

2. 准备一些遮盖物，如小毛巾、轻薄的围巾，用于遮盖玩具或物品。

游戏体验馆

1. 父母选择一个玩具或物品，并在宝宝面前用小毛巾将其遮盖住。确保遮盖过程简单易懂。

2. 父母用夸张的语气和表情对宝宝说："猜猜玩具在哪儿呢？"并鼓励宝宝用手去掀开毛巾，找到被遮盖的玩具。

3. 每次找到玩具后，父母都要当着宝宝的面，说出玩具的名字，比如："这是小熊熊。""这是小汽车，小车车上面有两个灯灯。"然后试着让宝宝模仿。

4. 在宝宝熟悉游戏规则后，可以变换不同的玩具或遮盖物，增加游戏的趣味性和挑战性。

游戏纪念册

"猜猜在哪里"游戏能够提升宝宝的认知能力和探索欲望。通过寻找和发现被遮盖的玩具或物品，可以提升宝宝的观察力和记忆力。游戏中的互动和交流，则有助于宝宝的语言表达能力和想象力的发展。

第三节 秩序敏感期教养方案及游戏方法

0～1 岁的婴儿虽然看起来没有秩序感，但其实他们已经开始在日常生活中建立起对环境的初步认知，并对熟悉的秩序表现出依赖。**这个阶段的秩序敏感期是他们情感安全和认知发展的重要基础。**家长在日常养育中可以通过一些有意识的安排和引导，帮助婴儿建立基本的秩序感。

秩序敏感期教养方案

每天在固定的时间进行喂奶、睡觉、游戏等活动，有助于婴儿对日常生活节奏形成认知和期待，从而提升他们的安全感。例如，每晚睡前都进行相同的睡前仪式——读书、唱摇篮曲等，可以让婴儿逐渐适应并喜欢上这种有规律的生活方式。

保持生活环境的相对稳定，尽量不要频繁更换婴儿的房间布置和玩具位置，避免大幅度调整居家环境。这种稳定性能够让婴儿在熟悉的环境中安心地探索和学习，有助于他们建立对环境的基本信任和秩序感。

此外，家长也可以通过一些互动游戏来帮助婴儿逐渐理解并熟悉生活中的规律，进一步强化他们的秩序感。

秩序敏感期的游戏方法

收纳小能手

游戏准备室

1. 准备色彩鲜艳的小玩具，如积木、小球、布偶等。

2. 准备一个放置物品的篮子或盒子。

游戏体验馆

1. 父母将所有玩具放在地板上，然后指引婴儿逐一将玩具放入篮子或盒子中。在指引婴儿将玩具放入篮子或盒子中时，父母可以搭配语言进行描述："玩具宝宝们要回家喽！我们把它们放回去吧！"

2. 当婴儿出现不配合等情况时，父母可以与婴儿进行互动，并用语言描述进行引导，比如："小汽车放这个筐，书放这个筐，我们比一比谁放得快！"

3. 游戏中，父母可以引导婴儿重复几次物品的放置和取出，让他们逐渐理解物品"归位"的概念。

4. 每次结束游戏时，父母都可以用鼓励的语调总结："宝宝把所有玩具都放回盒子里了，做得真好！"

游戏纪念册

"收纳小能手"这个游戏可以帮助婴儿逐步理解"物品归位"的秩序，培养他们对环境中事物固定位置的认知，同时在重复的放置和拿取动作中锻炼手眼协调能力。

积木找“朋友”

游戏准备室

准备各种颜色和形状的积木（如红色方块、蓝色圆柱、黄色三角等），每种积木至少有两个相同的“朋友”。

游戏体验馆

1. 父母先将这些积木分好类，帮它们找到“朋友”。然后先从所有积木中挑选出一个，比如挑出红色方块，对宝宝说：“宝宝，你看，这是红色的方块，它想找到它的朋友，你能帮它找到吗？”

2. 父母将几种不同颜色和形状的积木摆放在宝宝面前，并用手指指向另一个相同的红色方块，提示宝宝：“这个是它的朋友吗？让它们在一起吧！”

3. 如果宝宝找对了，父母可以用愉快的语气表扬：“太棒了！宝贝！你帮红色方块找到了朋友！”并将两个相同的积木放在一起。如果宝宝没有找到正确的积木，父母可以帮助宝宝比较两个积木的颜色和形状，再次引导宝宝作出选择。

4. 父母可以重复游戏，让宝宝帮不同颜色和形状的积木找到它们的“朋友”。如果觉得游戏难度过高，可以引入更多其他物品，比如一模一样的袜子、一模一样的小车玩具，将它们与积木玩具放在一起，让宝宝去归类摆放，这样会更轻松一些。

游戏纪念册

这个游戏通过积木的配对和分类，可以帮助宝宝建立初步的秩序感和逻辑思维能力，并能发展手眼协调能力和观察力。

小动物排排坐

游戏准备室

准备几个形状和大小不同的小动物模型。

游戏体验馆

1. 父母将不同的小动物模型放在孩子面前，然后示范将它们一个一个排列起来，并用语言描述："我们把小狗放在这里，小兔子排在小狗的后面。"

2. 让孩子尝试模仿父母的行为将小动物模型一个接一个排列起来。父母可以引导孩子按模型大小依次摆放，也可以让孩子自己随意摆放。

3. 当孩子能够独立完成单个排队任务时，父母可以鼓励他们尝试不同的排列方式。

4. 除了小动物模型外，父母也可以引入其他物品，如小车模型、积木模型，让孩子进行摆放操作。

游戏纪念册

通过"小动物排排坐"游戏，孩子能够建立对物体顺序的初步理解，培养他们的秩序感和逻辑思维能力。在将物品逐一排列的过程中，孩子的专注力也能得到有效锻炼。

第四节 感官敏感期教养方案及游戏方法

0～1 岁是婴儿感官发展的关键时期，他们通过视觉、听觉、嗅觉、味觉和触觉来感知世界，为未来的认知和语言发展奠定基础。家长在这一阶段应有意识地为孩子提供多样化的感官刺激，帮助他们建立丰富的感官体验，为他们的认知和情感发展打下坚实的基础。

感官敏感期教养方案

在触觉敏感期内，家长可以为婴儿提供不同材质和形状的玩具，如软布玩具、木质玩具、橡胶玩具等，让婴儿通过触摸感知不同的质感和温度。

在听觉敏感期内，家长应为婴儿提供丰富的听觉刺激。比如，家长可以多与婴儿交流，通过说话、唱歌、播放音乐等方式，来丰富他们的听觉体验。

在视觉敏感期内，家长可以在婴儿的活动区使用明亮的颜色和复杂的图案，如彩色图画书、图案鲜明的挂饰等。

在嗅觉、味觉敏感期内，家长可以通过不同的食物帮助婴儿发展嗅觉和味觉能力。同时，也要注意不要在婴儿面前抽烟，或是使用味道过于浓烈的香水、化妆品，以免影响婴儿嗅觉的发育。

感官敏感期的游戏方法

观察卡片

游戏准备室

1. 准备一套黑白卡或颜色对比鲜明的卡片，图案简单明了，如几何图形、动物轮廓、常见物体等。

2. 尽量选择安静、光线充足的环境，在宝宝清醒、心情愉悦的时间安排游戏，如喂奶后或午睡醒来时。

游戏体验馆

1. 将婴儿放置在游戏垫上，让他们处于舒适的位置。

2. 选择一张黑白卡片，放在婴儿的视线范围内，距离与婴儿保持 20～30 厘米。

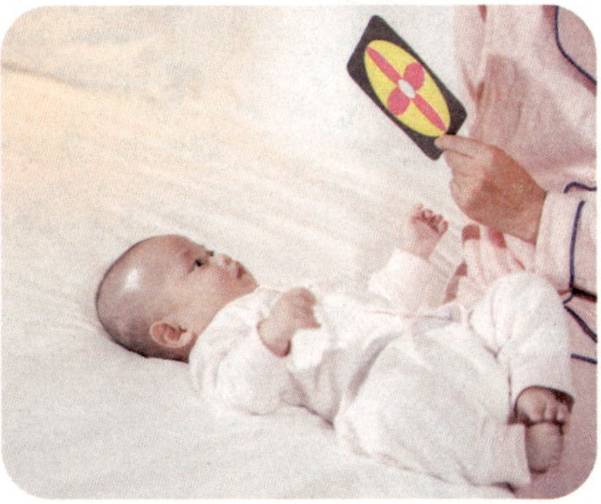

3. 慢慢移动卡片，让婴儿的眼睛跟随卡片移动。

4. 每隔几秒钟更换一张卡片，展示不同的图案，游戏时间控制在 10～15 分钟。

游戏纪念册

“观察卡片”的游戏，可以有效刺激婴儿的视觉神经，促进其视力发展，提升婴儿的认知能力，培养他们的专注力，同时可增进亲子之间的情感交流。

小鼓咚咚咚

游戏准备室

准备一个小鼓或能发出声音的小玩具，比如摇铃、沙锤、铃鼓等。

游戏体验馆

1. 父母拿起小鼓，轻轻敲打出简单的节奏，发出“咚咚咚”的声音，并注意观察宝宝的反应。

2. 父母可以一边敲打小鼓，一边对宝宝说:“宝宝，听，这是什么声音呀? 咚咚咚!”与此同时，父母还可以用夸张的面部表情和声音吸引宝宝的注意力。

3. 父母可以改变敲打的节奏，从缓慢到快速，从轻柔到响亮，或者加入停顿，让宝宝感受节奏和声音的变化。每当节奏或声音变化时，便可以轻声询问宝宝:“宝宝，这个声音和刚才的一样吗?”

4. 在宝宝听到不同声音时，父母可以用鼓励的语气与宝宝互动，拍拍宝宝的小手或轻点宝宝的脚丫，让他们对声音做出反应。

游戏纪念册

“小鼓咚咚咚”游戏可以通过不同节奏和声音的变化，帮助宝宝发展听觉敏感度，提高他们对声音的注意力和反应能力，激发他们对周围声音的兴趣。

寻味之旅

游戏准备室

准备几种安全的婴儿食品，如宝宝米粉、胡萝卜泥、苹果泥等，味道以甜、淡、微酸为主，每种食物少量即可。

游戏体验馆

1. 父母将准备好的食物分别放入不同的小碗中，依次展示给宝宝看，同时也可以一边品尝，一边用轻松愉快的语气向宝宝介绍碗中的食物。比如品尝苹果泥时，父母可以说："宝宝，这是苹果泥，它是甜甜的哦！"

2. 父母可以用婴儿小勺，舀起少量的食物，轻轻放在宝宝的嘴边，让他们尝试舔舐。如果宝宝对某种食物表现出喜欢或不喜欢的反应，父母便可以及时用语言进行回应，如："宝宝喜欢这个甜甜的味道呢！"或者："胡萝卜泥是不是很香甜呀？"

3. 每次宝宝尝试新食物时，父母都要注意观察他们的表情和反应，并引导宝宝用表情或动作来表达对味道的感受。例如，父母可以问："这是酸酸的吗？宝宝喜欢这个味道吗？"

4. 游戏结束后，父母要夸一夸宝宝，让他们在愉快的氛围中体验味觉的多样性。比如，父母可以说："今天我们品尝了很多不同的味道，宝宝真勇敢！"

游戏纪念册

通过"寻味之旅"游戏，儿童可以体验到不同食物的味道，这可以帮助他们初步建立味觉感知，增强他们对食物的兴趣和对味觉的探索欲望。

第五节 运动敏感期教养方案及游戏方法

通过不断练习身体的协调性和灵活性，0～1 岁的婴儿会逐渐掌握从翻身、坐立、爬行到站立等一系列基本动作技能。家长在这一阶段应给予婴儿充足的运动空间和适当的引导，帮助他们在安全的环境中探索身体的潜能。

运动敏感期教养方案

家长应为婴儿准备一个宽敞、安全的活动区域，让他们可以自由地伸展身体。比如，可以在地面铺上柔软的垫子，让婴儿在仰卧和俯卧之间自由切换，练习翻身和手脚的协调动作。这不仅有助于提高婴儿的平衡感和肌肉力量，还能增强他们对空间的感知。

家长还可以在婴儿清醒时多尝试将他们放在俯卧、侧卧或仰卧的位置，鼓励他们通过抬头、转身、手脚摆动等方式来探索自己的身体。通过这些练习，婴儿能够逐渐增强颈部和背部的肌肉力量，为爬行和坐立做准备。

在 8 个月左右，婴儿会开始尝试爬行。家长可以通过将玩具放在婴儿能够看到但不能直接触及的地方，鼓励他们尝试用手脚协作向前爬行。与此同时，家长还可以通过让婴儿抓握玩具，锻炼他们的手部力量和手眼协调能力。

家长可以将这些教养方案与一些亲子互动游戏相结合，让婴儿在愉快的运动过程中逐步提升身体协调性和运动能力。

运动敏感期的游戏方法

我是小飞机

游戏准备室

1. 选择平整干净的地面或床，确保婴儿可以安全地躺着。

2. 确保环境光线充足，选择宝宝清醒的时间进行这项游戏。

游戏体验馆

1. 将婴儿轻轻放置在地面或床上，确保他们处于舒适的位置。

2. 父母用双手轻轻托住婴儿的胸部和腹部，将他们缓缓抬起，使婴儿的身体呈水平状态，模拟飞机的飞行姿态。

3. 一边抬起婴儿，一边说“飞机起飞喽”，慢慢前后摇摆婴儿，让他们感受到飞行的乐趣。

4. 游戏时间控制在5～10分钟，根据婴儿的反应和耐受程度，适时结束游戏。

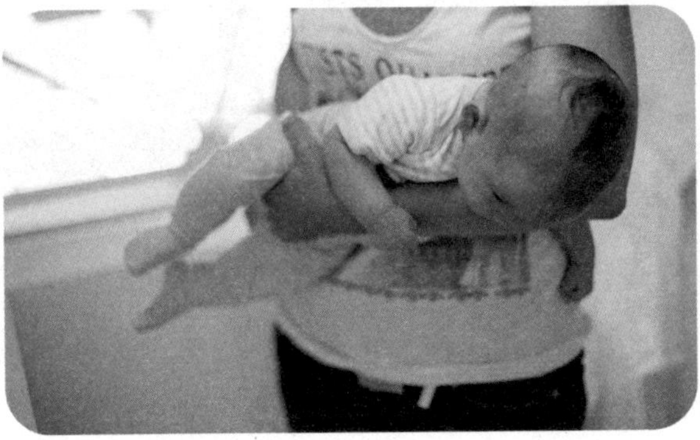

游戏纪念册

通过“我是小飞机”游戏，婴儿可以体验身体运动的乐趣，这对发展婴儿前庭觉和平衡感十分有帮助，同时能增强他们的手眼协调能力，并增进亲子情感交流。

摇啊摇，荡秋千

游戏准备室

1. 准备围巾、毛巾或婴儿吊床，用于支撑婴儿。

2. 准备柔软的床或承载物，确保婴儿足够安全。

游戏体验馆

1. 将围巾或毛巾铺平，两端留出足够的长度以便提起。

2. 父母或照护者站在围巾或毛巾的两端，轻轻提起两端，使婴儿离开地面或床面，形成一个摇篮状的秋千。

3. 缓慢地摇晃围巾或毛巾，模拟秋千的摇摆动作，同时说一些互动的语言，比如“摇啊摇，荡秋千喽”。

4. 在摇晃“秋千”的过程中，父母可以与婴儿进行眼神交流，并用温柔的声音与他们说话。例如，“宝贝在荡秋千，好开心呀！”

5. 游戏时间控制在 5 ~ 10 分钟，根据婴儿的反应，适时结束游戏。

游戏纪念册

“摇啊摇，荡秋千”游戏可以帮助婴儿发展前庭觉和平衡感，增强婴儿的手眼协调能力，同时也能增进亲子间的情感交流。

被动健身操

游戏准备室

1. 准备好平整干净的床或平台，不要过于柔软，也不要太坚硬。

2. 准备好柔软的毛巾或毯子，铺在床上或平台上。

游戏体验馆

1. 将毛巾或毯子铺在床上或平台上，将婴儿轻轻放置在上面，确保他们处于舒适的状态。

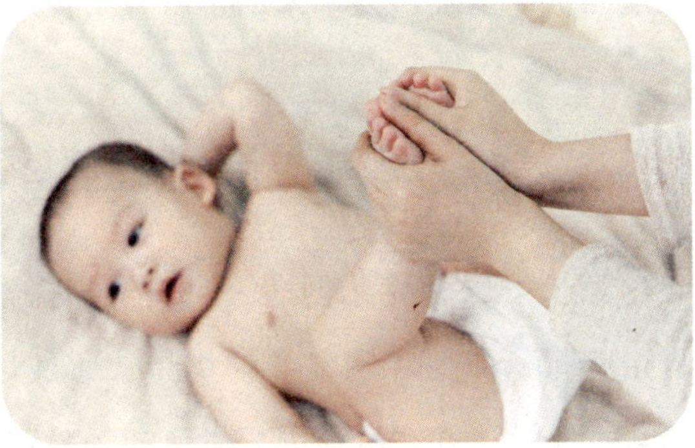

2. 父母或照护者在婴儿旁边坐下，轻轻握住婴儿的手腕，慢慢将他们的手臂向上举起，然后放下，重复几次。

3. 轻轻将婴儿的手臂向两侧展开，然后再合拢到胸前，重复几次。

4. 每个动作做3～5次，注意动作要轻柔，避免用力过猛。

5. 轻轻握住婴儿的脚踝，慢慢将他们的腿向上抬起，然后放下，重复3～5次。

6. 轻轻将婴儿的腿向两侧展开，然后合拢，重复3～5次。

7. 轻轻弯曲婴儿的膝盖，将双腿往腹部方向收，然后伸直，重复3～5次。

8. 游戏时间控制在10～15分钟，根据婴儿的反应和耐受程度，适时结束游戏。

游戏纪念册

这个游戏，可以增强婴儿四肢的力量和灵活性，促进肌肉和关节的发育，让婴儿在轻松愉快的氛围中进行早期运动训练和身体协调能力的发展。

第六节 智力发展敏感期教养方案及游戏方法

0~1岁的婴儿，智力发展处于快速成长期，他们通过感知、模仿和探索来理解世界。这一时期是他们认知能力和思维模式的初步形成阶段。家长在日常生活中可以通过一些有意识的互动，帮助婴儿建立认知基础，为未来的学习打下良好的基础。

智力发展敏感期教养方案

家长可以为婴儿创造一个安全的探索环境，在那里，婴儿可以自由爬行、抓握、观察各种物品。通过与环境的互动，婴儿能够学会自主探索，并在过程中积累认知经验。

婴儿的智力发展很大程度上依赖于感官的刺激，因此在这一阶段，家长可以为孩子提供丰富的视觉、听觉、触觉体验，让婴儿逐渐理解事物的特征和差异，提升认知能力。同时，家长还要为婴儿创造一个安全的探索环境，通过与环境的互动，婴儿能够学会自主探索，并积累认知经验。

游戏是婴儿探索和学习的最佳方式。家长还可以通过一些互动式游戏来激发婴儿的好奇心和探索欲望。这类游戏不仅能够提高婴儿的注意力和反应速度，还能帮助他们理解因果关系，逐步建立基本的逻辑思维。

智力发展敏感期的游戏方法

翻翻乐

游戏准备室

准备 5 ~ 10 张卡片，图案可以是常见的动物、人物或日常物品。

游戏体验馆

1. 父母先将所有卡片背面朝上，放在垫子或床上。然后随便拿起一张卡片，在宝宝面前展示卡片的图案，并用简单的语言描述图案内容。比如，拿着有小鸭子图案的卡片，可以说："这是小鸭子，小鸭子嘎嘎叫。"

2. 父母将卡片翻转，再与其他卡片调换一下位置，然后让宝宝想一想刚刚的卡片被放到了哪里，并鼓励他们去翻动，找到对应的卡片。

3. 如果宝宝找对了图案，父母可以鼓励他们，再为他们讲述一遍图案的内容。比如，宝宝顺利找到了小鸭子图案的卡片，父母可以说："宝宝发现了会嘎嘎叫的

小鸭子，真聪明！”

4. 如果宝宝找错了图案，父母则可以向宝宝介绍新的卡片上的图案。比如，宝宝找到了小鸡图案的卡片，父母可以说：“宝宝发现了小鸡，它会叽叽叫，不会嘎嘎叫，我们再找找看吧！”

游戏纪念册

“翻翻乐”游戏可以帮助婴儿提升记忆力和注意力，并促进婴儿手部的精细动作发展。同时，反复的图案识别和语言描述有助于婴儿认知常见事物并积累词汇。

小镜子，大世界

游戏准备室

准备一个安全的婴儿手持小镜子或放在地上的一面大镜子。

游戏体验馆

1. 父母先让婴儿看着镜子中的自己，用手指着婴儿的五官，说出对应的名称，如：“这是宝宝的眼睛，这是宝宝的鼻子。”

2. 当婴儿对镜子中的影像产生兴趣时，父母可以做出不同的表情和动作，鼓励婴儿模仿。例如，做出微笑、伸舌头等简单动作，让婴儿在镜子中看到自己的模仿样子。

3. 通过不同的动作和语言交流，父母与婴儿在镜子前互动，让婴儿逐渐认识到镜子中的影像是自己，并学会辨别和理解自我。

游戏纪念册

这个游戏可以帮助婴儿认识自己的形象和五官，发展自我意识和身体认知。同时，通过模仿和互动，提升婴儿的情感表达和沟通能力。

水中小船

游戏准备室

1. 准备一个大号的塑料盆或婴儿澡盆，里面装半盆温水。

2. 准备几个小塑料杯或浮力较好的玩具，如小船、小鸭子玩具等。

游戏体验馆

1. 父母将玩具放入水中，让婴儿观察玩具在水中浮动的情况，并用手指轻轻拨动小船或小鸭子，让它们在水中移动。

2. 鼓励婴儿用手轻轻拍打水面或用手拨动玩具，观察水的波动和玩具的漂浮情况。父母可以通过语言引导婴儿，如“宝宝看，小鸭子在水中游来游去”，激发他们观察水中事物的兴趣。

3. 在水中玩耍时，父母应始终在婴儿身边，确保安全，并鼓励他们用手感受水的温度和玩具的浮动。

游戏纪念册

通过水中玩具的浮动和移动，婴儿能够体验到因果关系的变化，初步理解水能够使物体漂浮的原因。同时，玩水的过程也有助于提高婴儿的感官体验和手部协调能力。

第五章

1~3岁儿童

敏感期教养方案

第一节 1~3 岁儿童的身心发展特征

1~3 岁是儿童逐渐从婴儿蜕变为幼儿的黄金成长阶段。在这一阶段，孩子们的身体发育日新月异，同时，他们的语言、感官和认知能力也在突飞猛进地发展。

身体的发展

儿童的身高和体重在这一阶段会迅速攀升，每个儿童都会以各自独特的节奏成长，呈现出鲜明的个性差异。随着骨骼和肌肉的逐渐成长，儿童不仅能够稳稳地走路、小跑，还能尝试跳跃和攀爬等运动项目。令人欣喜的是，他们的小手也越来越灵巧，能够完成更为精细的动作。

感官的发展

1~3 岁的儿童正处于感官发展的关键期，他们会通过五种感官——视觉、听觉、嗅觉、味觉和触觉来探索和理解周围的世界。

视觉上，儿童能够辨别颜色、形状和大小，对色彩鲜艳和动态变化的事物表现出浓厚的兴趣。

听觉上，他们对声音的辨识能力有所提高，能够分辨不同的声源，对语言的理解也逐渐增强。

这一阶段，儿童的嗅觉和味觉发展得更加敏锐，他们开始能辨别不同的气味，并表现出明显的喜好或厌恶，这会影响他们对食物的选择。

这一阶段，儿童的触觉会通过手指的抓握和触摸得以发育，他们喜欢感知不同物体的质感和温度。

这些感官体验不仅能让孩子更深入地感知世界，还为他们的智力发展、语言表达能力的提升和精细动作协调能力的发展打下基础。

语言的发展

在这一阶段，儿童开始能够更深入地理解大人的语言，同时也能更清晰地用语言表达自己的感受和需求。许多家长都会惊喜地发现孩子的词汇量在迅速增加，从最初的蹦出单字，到能够串联起简单的词语，表达更为复杂的意思，整个过程如流水推舟一般顺畅。

认知的发展

在这个阶段，儿童开始理解基本的因果关系。例如，按下按钮会有声音，推积木会倒塌等，他们会通过重复行为来验证自己的假设，并从中学习。1～3岁的儿童会逐渐建立起“客体永久性”的概念，即当物体从视线中消失时，它依然存在。例如，他们会在大人将玩具藏起来时继续寻找，而不会认为玩具消失了。这种理解是儿童认知发展的重要里程碑，标志着他们对周围世界的理解更加深入。

这一阶段，儿童的短期记忆能力和长期记忆能力也会显著提高。

他们能够记住家人的面孔和熟悉事物的位置，并在日常生活中表现出对特定活动的偏好。例如，他们会记住常去的公园该怎么走，或是在故事书中认出熟悉的图画。

情感的发展

这一时期的儿童开始意识到自己的存在，能够用“我”来指代自己，这是他们形成独立人格的关键一步。除此之外，儿童还能识别和表达自己的各种情绪，如愤怒、快乐和悲伤，开始尝试与他人互动，这是他们社交技能发展的重要表现。

了解并善于把握儿童在这一阶段的身心发展特征，能够更有效地引导他们全方位成长，帮助他们在人生的起跑线上迈出坚实的步伐。

第二节 语言敏感期教养方案及游戏方法

1～3 岁是儿童语言发展的关键时期，他们的词汇积累与理解能力在这个阶段会显著提升。为了助力他们的语言成长，家长可以在日常生活中采取一些简单而有效的措施。

语言敏感期教养方案

在日常生活中，家长应多与儿童交流，通过描述、提问、解释等方式，帮助他们理解语言的用法。例如，在超市购物时，可以为他们描述各种蔬果的名称、颜色和食用方法。比如，介绍黄瓜时可以说："这是黄瓜，它是绿色的，可以凉拌，也可以炒熟了吃。"这样不仅丰富了儿童的词汇库，还能加深他们对语言含义的理解。

鼓励儿童表达自己的意愿和感受也很重要。在玩耍时，家长可以询问儿童喜欢哪个玩具及其原因，当他们回应时，家长需要耐心倾听并给予积极的反馈，这样能让儿童感受到被重视和理解的喜悦。

此外，家长还可以利用游戏来促进儿童的语言学习。比如，和儿童一起翻阅图画书，引导儿童根据图片内容讲故事；或者进行角色扮演游戏，在游戏中引入新词汇，并通过重复使用新词汇帮助儿童理解和掌握。

语言敏感期的游戏方法

角色扮演：小医生看病记

游戏准备室

1. 为孩子准备一套简单的医生玩具套装，如听诊器、温度计、注射器、绷带等。父母也可以为自己准备一套病人的衣服。

2. 在家中布置一个模拟“诊所”，比如用桌子和椅子搭建医生的“诊疗台”，摆上“药品”（空药瓶或小盒子），放一些“病历卡”用来记录病情。

游戏体验馆

1. 游戏开始前，父母要先向孩子解释这一游戏的基本规则。父母可以告诉孩子：“今天你是小医生，我是来看病的病人。”然后让孩子扮作医生，佩戴医生帽，拿起听诊器。

2. 父母作为“病人”，先要向“医生”陈述病情。父母可以轻轻捂着肚子，

说:“医生，我的肚子好疼，请你帮我看看吧!”然后父母要引导孩子进入角色，比如，可以让孩子使用玩具听诊器“听一听”病人的肚子。

3. 接着，父母可以鼓励孩子模仿医生的问诊过程提问，如果孩子一时不知道说什么，父母可以给一些提示，让孩子学会提出简单的问题。例如:“你是哪里不舒服呢?”“你吃了什么东西吗?”

4. 父母可引导孩子使用各种医疗玩具，比如，可以让孩子用玩具温度计“测量体温”，用玩具注射器“打针”或用绷带为病人“包扎”。父母还要配合表现出各种病症，并在孩子做完“治疗”后表示感激:“谢谢你，小医生，我感觉好多了!”这样可以增强孩子的成就感。

5. 最后，父母可引导孩子给“病人”开药方。比如，可以让孩子在“病历卡”上画几笔作为药方，并让孩子对“病人”说:“你要多休息，多喝水哦!”

6. 在孩子熟悉了小医生的角色后，还可以让他们尝试其他生活场景的角色扮演游戏。例如，在超市场景中，孩子可以扮演超市的营业员，帮助父母“挑选”商品，进行简单的商品介绍和收银操作。

游戏纪念册

“角色扮演”游戏能够促进孩子的语言表达能力和社交技能。通过扮演不同的角色，孩子学习了如何与他人交流和合作，增强了他们的沟通能力和情感表达能力。

小小传声筒

游戏准备室

1. 准备两个纸杯和一根较长的细绳，将细绳两端分别穿过纸杯底部的小孔并打结。

2. 准备一些简单的短语或句子，写在小卡片上，这些短语或句子可以用于游戏中的传递。

游戏体验馆

1. 父母先示范如何使用传声筒。父母在一端讲话，孩子在另一端听，确保孩子明白用传声筒讲话和听话的方式。

2. 选择一个短语或句子，让孩子通过传声筒向其他家庭成员传递信息。例如，妈妈可以说：“小猫在草地上玩。”孩子通过传声筒将这个信息传给爸爸，爸爸听到后要复述这个句子。

3. 与孩子轮换使用传声筒传递信息和复述信息，让每个人都有机会体验讲和听的角色。

4. 在孩子熟悉传递信息的基本流程后，可以增加信息的长度和复杂度。例如，传递一个包含多个信息的句子，或让孩子通过传声筒唱一首儿歌。

游戏纪念册

“传声筒游戏”可以锻炼孩子的语言表达能力和听力理解能力。通过传递和复述信息，孩子可以准确地理解他人的话语，并将其清晰地表达出来，这也能锻炼孩子的专注力和记忆力。

卡片乐翻天

游戏准备室

准备一副图文卡片，每张卡片上都有一个图案和相应的词语，类别可以是动物、食物、交通工具等常见事物。

游戏体验馆

1. 展示图文卡片，让孩子熟悉每张卡片的内容。父母可以逐一讲解每张卡片上的图案和词语，帮助孩子理解。

2. 父母和孩子轮流从卡片堆中抽取一张卡片，并尝试说出对应的词语。例如，抽到一张上面有小猫的卡片，需要说出“这是小猫”。

3. 在孩子熟悉基本词语后，可以增加游戏的难度。父母可以出示两张卡片，让孩子用两张卡片上的词语造句。例如，出示一张上面有小猫的卡片和一张上面有西瓜的卡片，孩子可以说“小猫不喜欢吃西瓜”。

4. 如果孩子能够轻松应对前面的难度，可以继续增加游戏的难度。父母可以出示多张卡片，让孩子用所有卡片上的词语讲一个故事。

游戏纪念册

“卡片乐翻天”是一项综合类游戏，可以锻炼孩子多方面的能力，除了语言表达能力外，理解力、应变力、想象力和创造力也能得到锻炼。

第三节 秩序敏感期教养方案及游戏方法

当儿童步入 1~3 岁的成长阶段，他们会对周遭的环境和日常规律展现出更为明显的秩序偏好。在这个阶段，家长的理解与尊重对他们来说至关重要，它能帮助儿童在有序的环境中建立起安全感，并逐步学会自我控制。

秩序敏感期教养方案

为了维护这份珍贵的秩序感，家长除了坚持规律的作息和保持家居环境的整洁外，还可以尝试与孩子一起探讨并设立一些简单的家庭小规矩。比如，和孩子一起制定“玩完玩具要放回原处”的规

则，每当孩子做到时，别忘了及时给予他们鼓励。这样的参与过程，会让孩子更愿意接受并遵守这些规则。

有时候，孩子可能会因为一点点小混乱而感到不安，甚至哭闹，这时，请家长耐心地理解，这是他们表达不满和寻求帮助的方式。家长可以和孩子一起动手，把乱糟糟的玩具重新摆好，或者讲个温馨的故事来安抚他们的情绪。在有序的氛围中，孩子很快就能找回那份安心的感觉。同时，家长还可以温柔地向孩子解释为什么会发生这样的事情，帮助他们慢慢学会接受生活中那些不可避免的小变化。

此外，家长还可以在日常生活中融入一些有趣的秩序感培养游戏，比如“东西归位大赛”“分类小能手”，甚至是关于时间管理和社会秩序的简单小游戏。这些活动不仅能让孩子在玩乐中学习，还能进一步加深他们对秩序的理解。

秩序敏感期的游戏方法

一二三，木头人

游戏准备室

1. 准备一个较为宽敞的游戏区域，确保孩子有足够的空间进行活动。

2. 准备一些适合游戏的音乐或节拍器，以增加游戏的趣味性。

游戏体验馆

1. 父母告诉孩子“一二三，木头人”游戏的基本规则，即一方说“一二三，木头人”，当说到“人”时，另一方就要立刻停止所有动作，保持静止。

2. 游戏过程中，可以通过调整数数的速度和节奏，增加游戏的难度，比如有时数得很慢，有时数得快，测试孩子的反应速度和控制能力。

3. 父母要保持公平公正，不能因为孩子撒娇耍赖而默许孩子的违规行为。

4. 游戏结束后，可以跟孩子一起总结一下他在游戏中的表现，强调遵守秩序、尊重规则的重要性。

游戏纪念册

通过“一二三，木头人”游戏，孩子能在玩乐中理解规则的重要性，这个游戏还能促进孩子的自我控制能力和反应速度。通过自由活动和立刻静止的游戏过程，孩子能学习如何快速调整自己的动作，增强身体的协调性和控制力。

这样做不对

游戏准备室

1. 准备一些行为卡片，每张卡片上描述一个不正确的行为，如“在公共场所大声喧哗”“不洗手就吃东西”“乱扔垃圾”等。

2. 准备一些小零食、小贴纸做奖品。

游戏体验馆

1. 父母依次展示行为卡片，让孩子了解每个行为会产生的后果。比如，父母可以拿着“在公共场所大声喧哗”的卡片，告诉孩子：“在公共场所大声喧哗，这样做会打扰别人，是不礼貌的行为。”

2. 接着，父母和孩子各抽一张卡片，父母要解释自己手中卡片上的行为，并指出这样做是不对的。然后再让孩子解释自己手中卡片上的行为，并询问他们这样做是否正确。比如，孩子抽到一张“不洗手就吃东西”的卡片，父母要温和地引导孩子描述这种行为，并询问他们：“你觉得这样做对吗？为什么不对？”

3. 当孩子熟悉游戏之后，可以将游戏进行升级。除了指出卡片上行为的错误，还要说出应该怎样做。

游戏纪念册

“这样做不对”游戏能够提升孩子的道德判断力和行为规范意识。通过询问与回答，孩子将学习如何辨别正确和错误的行为，这样做能有效增强他们的道德意识和责任感。

时间小管家

游戏准备室

1. 准备一个手机或者沙漏，用来做计时器。

2. 准备一些小任务，比如“收拾书桌”“整理玩具”之类的。

游戏体验馆

1. 父母先告诉孩子，今天他要完成一些任务，而且必须要在规定的时间内完成。

2. 父母给孩子一个具体的任务，比如“收拾好自己的玩具”或者“把书本整理好”，同时为这些任务设定具体的时间，如“在5分钟内收拾好自己的玩具”。

3. 父母设置好计时器，孩子开始执行任务。

4. 在孩子完成任务后，父母可以和孩子一起复盘讨论任务是否在规定时间内完成、如何提高效率等。

5. 随着游戏的进行，父母可以增加任务的难度或者缩短时间。

6. 孩子完成相应的任务后，父母也可以给予孩子一些适当的奖励。

游戏纪念册

“时间小管家”游戏能培养孩子的时间管理意识和责任感，让孩子学会合理安排时间并完成任务，提高孩子的自律性和执行力。

第四节 感官敏感期教养方案及游戏方法

1～3 岁儿童的视觉、听觉、触觉、味觉和嗅觉等感官的体验会进一步丰富，他们将借此建立起对周围环境的基本认知。家长在这一阶段应继续为孩子提供丰富多样的感官刺激，帮助他们充分发展感官能力，并在探索中激发创造力和认知能力。

感官敏感期教养方案

在 1～3 岁时，儿童对颜色、形状和大小等视觉刺激非常敏感。家长可以为他们准备色彩鲜艳的绘本、拼图等。例如，选择有红、黄、蓝等明亮色彩的积木，让他们在玩耍中感受不同颜色的魅力。

在这个年龄段，儿童对声音的敏感度也会逐渐提升。家长在家

中可以播放一些轻柔的自然音乐，如海浪声、森林声等，让儿童在放松的氛围中感受声音的美妙。

这个阶段的儿童对味觉和嗅觉的体验也非常敏感。家长可以在儿童的饮食中，逐渐引入不同味道的食物，如甜的水果、酸的柠檬汁、咸的饼干等。让他们品尝这些食物，感受不同的味道；也可以把水果放在他们的鼻子前，让他们闻各种水果的香味，如苹果、香蕉、橘子等，然后让他们说出水果的名称。

1~3 岁的儿童喜欢通过触摸来了解物体的特性。家长可以为他们提供不同材质的玩具，如毛绒玩具、塑料玩具、木质玩具等，让他们触摸这些玩具，感受不同的质地。

除了在家庭中，家长还可以多带儿童去户外走走，带他们感受一下阳光与微风、花草的气味、海浪和沙滩等。在户外活动中，家长要耐心陪伴儿童，鼓励他们积极探索，同时要注意安全，确保他们在一个健康、快乐的环境中成长。

感官敏感期的游戏方法

开心摇摇乐

游戏准备室

1. 准备一些安全、无毒的瓶子（如塑料瓶、软饮料瓶）和瓶盖。

2. 准备一些适合放入瓶子的小物件（如彩色珠子、小块积木等）。

游戏体验馆

1. 将瓶子和瓶盖放在桌面或游戏垫上，然后在每个瓶子旁边放置几种不同的小物件，如彩色珠子或小块积木。

2. 鼓励孩子用手抓起小瓶子，并将其握在手中。

3. 引导孩子将小物件放入瓶子中，然后盖上瓶盖。

4. 让孩子摇晃瓶子，认真听瓶子内物件发出的声音。

5. 在游戏过程中，可以告诉孩子他们的动作和瓶子里的物件。比如“你放了一个红色的珠子进去，宝贝真棒！”

游戏纪念册

通过“开心摇摇乐”游戏，孩子可以发展多种感官能力，增强对不同物体的感知和认知能力，同时还可以培养他们的耐心和专注力。

画彩虹

游戏准备室

1. 准备一套彩色画笔或蜡笔，颜色尽量丰富一些。

2. 准备几张白纸或画板。

3. 准备一张彩虹图片或模型，用于展示彩虹的颜色顺序。

游戏体验馆

1. 父母为孩子展示彩虹图片或模型，并向孩子介绍彩虹的颜色顺序（如红、橙、黄、绿、蓝、靛、紫）。

2. 让孩子试着回忆彩虹的样子，并在纸或画板上绘制彩虹。

3. 让孩子描述他们画出的彩虹是什么颜色的。

4. 也可以鼓励孩子自己动手，绘制出独特的彩虹。

游戏纪念册

通过“画彩虹”游戏，孩子学会识别颜色，增强视觉感知能力，以及对自然现象的认识。让孩子描述他们画的彩虹，还可以增强他们的语言表达能力和自信心。

听声音，猜动物

游戏准备室

1. 准备一些常见动物叫声的音频文件（如狗叫声、猫叫声、牛叫声、鸟叫声等）。

2. 准备播放设备，如手机、平板电脑或音响系统。

3. 准备一些印有对应动物图案的卡片或图片。

游戏体验馆

1. 播放动物的声音，同时将印有动物图案的卡片或图片展示给孩子。

2. 依次播放不同的动物声音，每次播放一种声音后，暂停并询问孩子听到的是什么动物的声音。比如可以说："这个咩咩声是哪个动物发出来的？"

3. 鼓励孩子从动物卡片或图片中找到对应的动物。让孩子将找到的动物卡片举起来，并说出动物的名称和对应的声音，比如"这是小狗，它会汪汪叫。"

游戏纪念册

通过"听声音，猜动物"游戏，孩子可以发展他们的听觉辨识能力和视觉感知能力，增强对动物和自然界声音的认识，同时培养他们的语言表达能力和手眼协调能力。

第五节 运动敏感期教养方案及游戏方法

在 1~3 岁这一成长阶段中，儿童慢慢地学会了走路、跑跳和攀爬，他们的身体动作也变得越来越复杂多样。在这个阶段，家长要用心给孩子创造机会，让他们多运动，通过各种运动体验来帮助儿童发展身体协调能力、平衡感，还有运动时的自信心。

运动敏感期教养方案

这一年龄段的孩子好动、活泼，家长可以在家里腾出一块地方，铺上软软的垫子，放个安全的小滑梯或者攀爬架，让儿童在上面尽情玩耍，锻炼他们的大肌肉群，提升运动技能。这一时期，户外活动也很重要！带儿童去公园、操场这些宽敞又安全的地方，鼓励他

们跑一跑、跳一跳、爬一爬，让他们享受户外运动乐趣的同时，也能锻炼身体。

除了让儿童动起来，家长还要注意锻炼儿童的手部灵活性和协调能力。通过一些精细运动的小游戏，如串珠子、玩橡皮泥等，可以帮助儿童锻炼手眼协调能力和精细操作的能力。在日常生活中，家长也可以开动脑筋，设计一些简单的小游戏，比如让儿童用勺子舀水、用小镊子夹豆子，这样既能锻炼他们的精细操作能力，又能增加亲子互动的乐趣。

1~3 岁的儿童对这个世界充满了好奇，他们喜欢用身体去感受周围的一切。家长要鼓励他们大胆地去探索，但同时也要时刻注意他们的安全。当儿童尝试新的运动时，家长要在旁边耐心地看着，在保护好他们的同时，给他们加油鼓劲，让他们在运动中快乐成长！

运动敏感期的游戏方法

穿越“隧道”

游戏准备室

1. 准备一个适合孩子爬行的隧道玩具，或几个大纸箱。

2. 准备一些吸引孩子的小玩具或物件。

游戏体验馆

1. 将隧道玩具展开，并放置在地面上，或者用大纸箱拼成一个简易“隧道”，确保其结构稳定，不易倒塌。

2. 在隧道玩具的另一端放置一些吸引孩子的小玩具或物件，作为他们爬行穿越的目标。

3. 父母先示范如何穿越“隧道”，吸引孩子的兴趣。例如，父母可以跪在地上，从“隧道”的一端爬到另一端，并展示“隧道”另一端的小玩具。

4. 父母在“隧道”的两端进行适当的引导和鼓励，让孩子从“隧道”的一端爬进去，穿越“隧道”到另一端拿到小玩具。例如，父母可以说：“来吧，宝宝，加油！”或“看，这里有你的玩具！”

游戏纪念册

通过“穿越隧道”游戏，孩子可以锻炼大肌肉群，提升身体协调能力，增强手眼协调能力和平衡感，同时培养他们的勇气和探索精神。

踩影子

游戏准备室

1. 选择阳光明媚的户外，或者选一间有充足灯光的房间。

2. 如果在室内进行，还要准备一个大灯或手电筒，同时注意空间的安全性。

游戏体验馆

1. 如果在户外进行，选择一个没有遮挡的地方，让孩子站在阳光下，观察自己的影子；如果在室内进行，可以用大灯或手电筒照在孩子身上，照出清晰的影子。

2. 父母先示范如何踩影子，比如用脚轻轻踩孩子的影子，或引导孩子踩他自己的影子。

3. 父母和孩子可以互相追逐和踩对方的影子，增加游戏的趣味性和互动性。

4. 父母还可以加入一些简单的指令，增加游戏的难度。比如“踩在影子的头上”或“踩在影子的脚上”。

游戏纪念册

通过“踩影子”的游戏，孩子能够发展自己的身体协调能力，增强平衡感。除此之外，这个游戏还能培养孩子的观察力和反应速度。

传接球

游戏准备室

准备一个软球或充气球，适合孩子抓握和投掷。

游戏体验馆

1. 父母先示范如何传球，将球轻轻地滚向或抛向孩子。在抛球的过程中，可以用愉快的声音与孩子交流，比如，“接住球”或“球在这边”等。

2. 讲述完规则后，父母和孩子面对面坐或站，保持适当的距离，开始传接球。

3. 父母可以鼓励孩子用手接住球，并将球传回给自己。同时，还可以用“很好，传得真棒！”等语言鼓励孩子。

4. 游戏过程中，父母可以加入一些简单的指令，增强孩子的反应能力和灵活性。比如可以说：“宝贝，试着用右手接球”或“用左手传球”等。

游戏纪念册

通过“传接球”游戏，可以提升孩子的手眼协调能力和精细运动技能，增强大肌肉群的力量和灵活性。这个游戏还能培养孩子的合作意识，提高孩子的反应速度。

第六节 智力发展敏感期教养方案及游戏方法

1~3 岁的儿童会通过探索和学习，逐渐掌握对事物的认知能力、逻辑思考能力和解决问题的能力。在这个阶段，家长要给儿童准备丰富多彩的学习材料和各种各样的活动，帮助他们全面发展认知和思维能力。

智力发展敏感期教养方案

这一年龄段的儿童对“为什么”特别感兴趣，开始慢慢理解事情的前因后果了。家长可以借助日常的小游戏，比如“物体掉落”

游戏，让他们观察不同物体从高处落下的样子，然后用简单的话语告诉他们：“瞧，小球掉下去了，滚得好远！”这样的小互动，能帮他们更好地理解事物之间的联系和变化。

当孩子遇到难题时，别急着帮他们解决，先让他们自己试试看。比如，孩子想把大小不一的积木放进盒子里，家长可以稍微提示一下，让他们自己找出合适的摆放方法。这样，不仅能锻炼孩子的思考力，还能培养他们的耐心。多鼓励孩子自己去探索和尝试，让他们在解决问题的过程中慢慢积累经验，这样他们解决问题的能力和自信心都会越来越强。

此外，家长还可以为孩子提供一些简单的操作游戏，如搭积木、拼图、分类等，通过这些活动提升孩子的手眼协调能力和逻辑思维能力。

智力发展敏感期的游戏方法

拼图游戏

游戏准备室

1. 准备一个适合 1～3 岁儿童的拼图游戏，可以选择不同难度的拼图，以适应孩子的能力和兴趣。拼图的图案可以是卡通角色、动物、风景等孩子喜欢的主题。

2. 确保拼图的大小适合孩子的手掌，每块拼图不宜过小，避免孩子误吞。

游戏体验馆

1. 父母向孩子介绍拼图游戏的方法和技巧，比如可以从边缘开始拼，再逐步拼出中间部分等。

2. 父母先选择一个简单的拼图，示范如何找到边缘和角块，以及如何根据图案的颜色和形状进行拼接，帮助孩子理解拼图的逻辑。

3. 让孩子选择一个拼图，父母在一旁提供适当的帮助和指导。

4. 孩子熟悉拼图方法后，鼓励他们独立完成拼图。

游戏纪念册

通过“拼图游戏”，孩子能够提升手眼协调能力和认知能力。拼图过程还可以提高孩子的耐心、专注力，以及观察力。完成拼图后，孩子还能够感受到成就感，增强自信心。

搭积木

游戏准备室

1. 准备各种形状和颜色的积木，确保积木大小适中，适合孩子抓握和搭建。积木材料可以是木制、塑料或其他安全无毒的材料。

2. 准备一个平整的桌面或地面作为搭积木的操作区域，确保孩子在游戏过程中有足够的空间进行操作。

3. 准备一些简单的积木搭建示例图，帮助孩子了解不同的搭建方法和创意。

游戏体验馆

1. 父母向孩子介绍不同形状和颜色的积木，展示如何通过组合和堆叠来搭建各种结构。这里父母可以展示一些简单的例子，比如塔、桥、房子等的搭建。

2. 让孩子自由选择积木，开始他们的创作过程。父母可以在一旁提供建议和鼓励，但主要让孩子自己发挥想象力和创造力。比如，父母可以提出一个主题，如“建造一个小城市”或“搭一个动物园”，引导孩子围绕主题进行搭建。

3. 游戏结束后，父母需要教导孩子如何拆除并整理好积木。

游戏纪念册

“搭积木”游戏能够提升孩子的空间认知能力和逻辑思维能力。通过搭建各种结构，孩子学习到如何将不同形状的积木组合在一起，形成稳定的建筑，这对他们的数学和几何认知也有很大帮助。

寻宝游戏

游戏准备室

1. 准备一些适合 1~3 岁儿童的小玩具、塑料彩蛋或其他安全的小物件。

2. 准备一个小篮子或袋子，用于收集“宝藏”。

游戏体验馆

1. 父母将准备好的小玩具或小物件隐藏在房间的各个角落或室外的花园里，确保每个藏点都易于孩子找到，但也要稍微有些挑战性。

2. 父母可以用简单的语言或手势，指导孩子寻找藏在不同地方的“宝藏”。比如，对孩子说：“看看沙发下面有没有？”或者：“在那个大树旁边看看！”

3. 孩子找到“宝藏”后，将其放入小篮子或袋子里，继续寻找其他藏匿的物品。

4. 当所有的“宝藏”都被找到后，父母和孩子一起查看和摆放这些收集到的物品。

游戏纪念册

“寻宝游戏”可以提高孩子的观察力和专注力，培养他们解决问题的能力。通过寻找和收集“宝藏”，孩子的探索欲和好奇心也会得到极大的满足。在寻宝过程中，父母与孩子之间的互动和交流也有助于增进亲子关系，并能够提高孩子的语言表达能力和理解能力。

第六章

3~6 岁儿童

敏感期教养方案

第一节 3～6岁儿童的身心发展特征

3～6岁是儿童从幼儿期逐步向学龄前过渡的重要阶段。相比于0～3岁，这一阶段的儿童在身体、认知、语言、情感和社交等方面都有了更为显著的发展和变化。在这一阶段儿童会表现出更强的独立性、好奇心和学习能力，同时他们的自我意识和社交能力也在快速提升。

身体的发展

3～6岁儿童的大肌肉和小肌肉运动能力显著增强，他们能够更熟练地进行跑、跳、攀爬、踢球等大动作，同时在画画、写字、拼插玩具等精细运动上也表现得更加灵活。这一阶段儿童的平衡感和身体协调性也会不断提升，能够完成更复杂的身体动作和体育活动。

感官的发展

3～6岁儿童的视觉感知能力显著增强，他们能够区分更复杂的颜色、图案和形状，对细微的差异也有了更强的辨别力。这一时期，儿童对绘画、拼图、图形匹配等活动表现出浓厚的兴趣，并能够逐渐理解空间关系和图形的构成原理。

在这一阶段，儿童的听觉感知也得到了进一步的发展，他们能够识别更复杂的声音，如不同乐器的音色、歌曲中的节奏和韵律。

一些儿童能够倾听较长的故事情节，并做出与情节相符的反应。

3～6岁的儿童对气味和味道的敏感度也有所提高，通过与食物、植物等的接触，他们逐渐学会用语言描述不同的味觉和嗅觉体验，如“甜的”“酸的”“香的”等。

语言的发展

3～6岁儿童的语言理解能力显著提高，能够理解更复杂的指令和故事内容，使用更复杂的句子进行交流，并开始学会用语言解决问题和与人沟通。这一阶段，儿童的词汇量还会进一步增加，他们能够更准确地表达自己的感受与需求，俨然已经成了一个“小大人”。

认知的发展

在这一阶段，儿童的记忆力和注意力会逐步增强，能够记住更多的信息，并能够较长时间集中注意力在一项活动上。与此同时，儿童开始发展抽象思维和简单的逻辑推理能力，他们不仅能理解基本的因果关系，还很喜欢以问“为什么”的方式，来了解自己身边一切事物的发展变化，以及整个世界的运作规律。

情感的发展

在这一阶段，儿童的自我意识进一步发展，能够识别和表达复杂的情感，在喜怒哀乐之外，他们还会产生诸如羞耻、自卑、自傲等复杂的情绪。同时，他们也开始学会控制和调节自己的情绪，但更多时候仍需成人的正确引导。这一阶段，儿童也会更加渴望与同龄人互动，他们的社交技能会逐步发展，能够更好地分享、合作和解决冲突。

3~6岁的儿童处于身心发展的关键时期，他们的身体、认知、语言、情感和社交能力都在迅速提升。家长在这一阶段的教养方案需要更加注重引导孩子的自主探索和智力发展，以帮助他们为即将到来的学龄生活做好准备。

第二节 语言敏感期教养方案及游戏方法

3~6岁，是儿童语言发展的高峰期，他们的词汇量会像雨后春笋般迅速增加，语言表达和理解能力也会突飞猛进。家长要抓住这个黄金时期，多给他们提供丰富的语言交流机会，助力他们在这一时期顺畅地发展语言能力和沟通技巧。

语言敏感期教养方案

阅读，是打开孩子语言世界大门的金钥匙。家长可以挑选不同类型的书籍，比如故事书、科普读物、绘本等，每天抽点时间陪孩子一起读。读的时候，家长可以问问孩子故事里讲了什么，人物有什么特点，画面上有什么细节，再让孩子试着用自己的话把故事讲

一遍。这样互动，孩子不仅能更好地理解语言的奥妙，还能锻炼逻辑思维和语言组织能力。

家长还可以鼓励孩子多动脑筋，创作故事或者编排小短剧。比如，给孩子一组图片或者一个简单的主题，让他们编个故事讲出来；或者邀请几个小朋友一起，表演个小短剧。孩子创作和表演的时候，家长要多给正面反馈和鼓励，让孩子更敢说、更爱说。

平时生活中，家长还要注意多给孩子创造交流的机会。比如，带孩子去购物时，鼓励他们跟收银员说声“谢谢”；家庭聚会时，让孩子主动跟长辈打招呼，进行简单的日常沟通。这样，孩子就能在现实生活中锻炼语言表达能力，才能说得更自信、更流利。

语言敏感期的游戏方法

创意故事大会

游戏准备室

1. 准备一些卡片，每张卡片上绘有不同的图案，如动物、人物、场景、物品等，这些图片可以作为故事的素材。

2. 准备一个故事板或白板，用于展示故事的进程和内容。

3. 准备一些色彩鲜艳的马克笔或彩色铅笔，供孩子在故事板上绘画或记录。

4. 确保有一个舒适的区域，让孩子和家长能够围坐在一起，进行故事创作。

哥哥

妈妈

滑板车

卧室

游戏体验馆

1. 父母可以先示范如何根据卡片创作一个简单的故事。例如，抽到的图片包括一只小狗、一棵大树和一辆小汽车，父母可以编一个关于“小狗在大树下发现了一辆神奇小汽车”的故事。

2. 父母让孩子自己抽取卡片，开始创作他们的故事。父母可以在一旁提供帮助，引导孩子合理想象。

3. 父母指导孩子在故事板上绘画或记录故事的关键情节和人物。

4. 当孩子完成故事创作后，让他们向其他家庭成员讲述他们的故事。

游戏纪念册

“创意故事大会”能够提升孩子的想象力和语言表达能力。通过即兴创作并讲述故事，孩子可以学会如何将不同的词语元素连接成一个完整的句子，这对于他们的逻辑思维能力和创造力的提升都很有帮助。

有趣的形容词

游戏准备室

1. 准备一些卡片，每张卡片上写一个简单的词，如“高”“低”“大”“小”“红色”“蓝色”等。

2. 准备一些小玩具或图片，这些玩具和图片可以用来展示不同的形容词，如大小不同的积木、颜色不同的球等。

3. 确保有一个平整的桌面或地面作为游戏的操作区域。

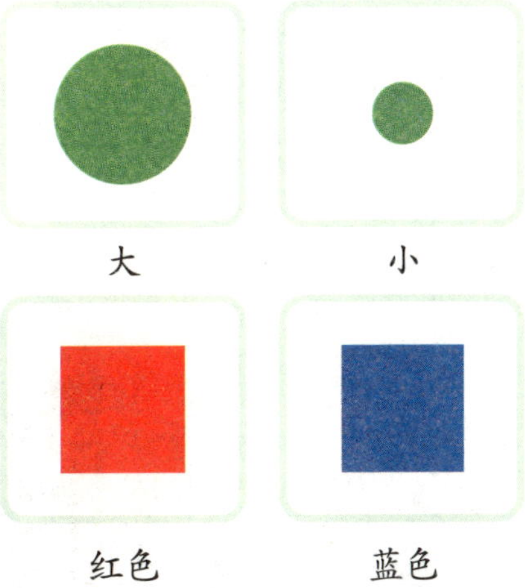

游戏体验馆

1. 父母将形容词卡片展示在桌面或地面上，让孩子熟悉每个形容词的含义和拼写。父母可以逐一讲解每个形容词，并给出相应的示范。

2. 父母选择一张形容词卡片，并展示相应的玩具或图片。例如，展示一块大的积木和一块小的积木，并用“这块积木很大，这块积木很小”来描述。鼓励孩子用形容词来描述这些物品。

3. 父母可以用提问的方式与孩子互动，帮助孩子理解和使用形容词。例如：“这个球是什么颜色的？”孩子回答：“这个球是红色的。”

4. 鼓励孩子用多个形容词来描述一个物品，提升孩子的语言表达能力和词汇量。例如：“这个红色的大球很圆。”

游戏纪念册

“有趣的形容词”游戏可以促进孩子的语言表达能力和词汇量的增加。通过理解和使用不同的形容词，孩子可以更精确地描述物品和事物，增强沟通能力和语言表达能力。

你该怎么办

游戏准备室

1. 准备一些情境卡片，每张卡片上描述一个简单的日常情境或问题情景，如“你在超市迷路了怎么办”“你的朋友生气了怎么办”。

2. 准备一个舒适的区域，让孩子和家长能够坐在一起。

游戏体验馆

1. 父母选择一张情境卡片，向孩子描述卡片上的情境。例如，“你在超市迷路了怎么办”。

2. 父母要引导孩子根据情境进行思考，并鼓励他们说出自己的解决方法。例如，父母可以问：“如果你在超市迷路了，你会做什么？你会找谁帮忙？”

3. 让孩子说出他们的解决方法，父母可以提供一些提示和建议，帮助孩子更好地理解如何应对不同的情境。

4. 父母和孩子可以进行角色扮演，模拟情境中的对话和行为。例如，父母扮演迷路的孩子，孩子扮演超市工作人员，双方进行求助和指引的模拟。

游戏纪念册

“你该怎么办”游戏能够极大地促进孩子的思考能力和语言表达能力。通过应对不同的情境，孩子可以学会如何在日常生活中解决问题，可以增强他们的逻辑思维和语言表达能力。

词语接龙

游戏准备室

1. 准备一个词典或电子词典备用。

2. 确保有一个安静的环境，让孩子能够集中注意力进行游戏。

游戏体验馆

1. 父母先示范如何进行词语接龙。例如，父母说“苹果”，孩子需要接“果树”，然后父母接“树叶”，如此继续。

2. 父母选择一个简单的起始词语，开始游戏。例如，父母说“小猫”。孩子需要根据规则接一个以“猫”字开头的词语，如“猫咪”。

3. 在孩子熟悉基本规则后，可以增加游戏的难度。例如，要求每个词语必须与特定主题相关（如动物、食物等）。

4. 游戏结束后，父母可以与孩子一起总结词语接龙的过程，讨论游戏中的亮点和有趣的词语组合。

游戏纪念册

“词语接龙”游戏可以丰富孩子的词汇量，提升孩子的语言表达能力。通过不断思考词语，孩子可以学习如何在特定规则下进行语言表达，词语接龙还可以培养孩子的创造力和应变能力，让他们在轻松愉快的氛围中学习和成长。

看图说话

游戏准备室

1. 准备一个故事板或白板，用于绘制故事内容。

2. 准备一些色彩鲜艳的马克笔或彩色铅笔，用于在故事板上绘画。

游戏体验馆

1. 父母用马克笔或彩色铅笔在白板上绘制故事内容的图画，然后让孩子试着描述白板上的图画。比如，父母可以绘制“几只小鸭子在池塘中游泳”，然后让孩子描述这个图画中的内容，包括图画中都有什么，图画中的主角都在干什么等。

2. 如果孩子逐渐掌握了这一游戏，父母可以做一些升级，把图画的内容画得复杂一些，给孩子增加一些难度。比如，父母可以绘制“青少年在捡拾垃圾”，然后让孩子描述图画的内容，同时为孩子讲解一些保护环境相关的知识。

3. 角色互换：让孩子在白板上画图，父母来完成看图说话。这里也可以让孩子来描述一下自己绘制的故事。

游戏纪念册

“看图说话”游戏能够提升孩子的语言表达能力和想象力。游戏中的互动和绘画，还可以帮助孩子提高他们的手眼协调能力和艺术表现力。通过不断练习，孩子的语言能力和创意思维都会得到有效提升。

我会打电话

游戏准备室

1. 准备两个玩具电话或旧手机，用于孩子和父母之间进行“打电话”游戏。

2. 准备一些简单的情境卡片，上面写着孩子可能遇到的各种危险，如“家中着火了”“找不到家了”“爸爸在家晕倒了”等。

游戏体验馆

1. 父母先抽取一张情境卡片，示范如何通过玩具电话拨打正确报警电话号码进行对话。例如，妈妈抽到了“找不到家了”卡片，那父母就要用玩具电话拨打110报警，然后爸爸扮演警察与妈妈对话。在这一过程中，父母需要按照固定的流程进行对话，比如依次说明“我迷路了”“我在哪里”“我家在哪里”等。

2. 让孩子选择同样的情境卡片，并根据卡片上的情境进行电话对话。父母可以引导孩子依照自己刚刚演示的流程完成对话，过程中要随时指出孩子的问题，表扬孩子做得好的地方。

3. 父母和孩子选择其他情境卡片，用玩具电话自由交流，尝试进行更多的日常对话。

4. 在孩子熟悉基本对话后，可以让孩子和父母互换角色，让孩子询问情况，父母回答。

游戏纪念册

“我会打电话”游戏可以提高孩子的语言表达能力和社交技巧。通过模拟电话交流，孩子可以学习在遇到紧急情况时如何报警，并正确描述自己的情况，这可以增强他们的沟通能力和应变能力。

第三节 秩序敏感期教养方案及游戏方法

3~6岁的儿童仍然处于秩序敏感期，在这个阶段，他们开始慢慢理解并遵守更复杂的社会规则，对自我管理和行为规范也有了初步的认识。家长要在这个时候，用合理的方式引导和规范，帮助孩子建立起良好的秩序感和自律能力。

秩序敏感期教养方案

随着年龄逐渐增长，孩子会更多地参与群体活动，比如幼儿园的集体游戏或者家庭聚会。在这些社交场合中，家长可以鼓励孩子遵守一些基本的社交规则，比如轮流说话、尊重别人、排队等待等。

家长要用自己的行动做个好榜样，让孩子在和别人的互动中学会自我控制，明白规则的重要性，这样他们的社会适应能力才会越来越强。

3~6岁的孩子也开始对时间有了初步的理解。家长可以趁机帮孩子建立起规律的日常作息。比如，给孩子制订一个简单的作息时间表，告诉他们什么时间起床、吃饭、学习、玩游戏和睡觉。在日常生活中，家长要尽量按照这个作息规律来监督孩子，当孩子按时完成某项活动时，别忘了及时给予鼓励，让他们在时间管理中慢慢培养出自律能力。

不过，家长也要注意，虽然秩序感对孩子的心理发展很重要，但也别太过强调秩序，免得孩子在面对变化和突发情况时感到紧张和不安。要让孩子知道，有时候灵活应对也是很重要的。

秩序敏感期的游戏方法

垃圾扔在哪儿

游戏准备室

1. 准备一些模拟垃圾的玩具，如塑料瓶、纸屑、包装盒等。

2. 准备几个标有不同分类的垃圾桶玩具，如可回收垃圾、有害垃圾、湿垃圾、干垃圾等。

游戏体验馆

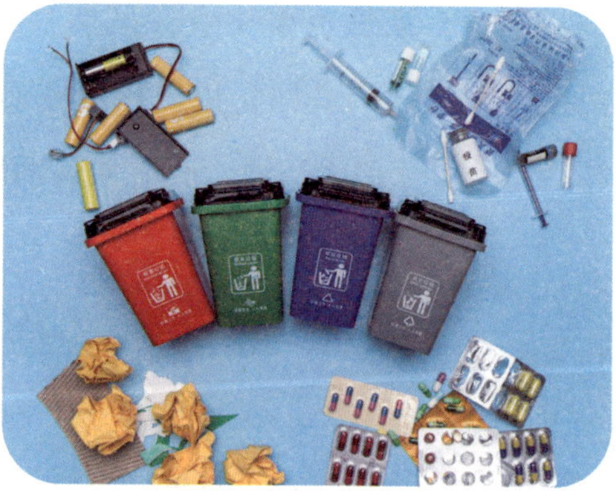

1. 父母向孩子解释“垃圾扔在哪儿”游戏的基本规则，即孩子需要根据垃圾的种类，将它们正确分类，并放到相应的垃圾桶中。

2. 让孩子自由选择模拟垃圾，并根据自己的理解将垃圾分类，并放到不同的垃圾桶中。当孩子完成操作后，父母要对孩子的行为进行点评，做对了就表扬，做错了就告诉孩子正确的做法。

3. 在孩子熟悉基本规则后，可以增加游戏的难度，比如增加更多种类的垃圾，或设置一些混合垃圾，让孩子进行更复杂的分类。

游戏纪念册

“垃圾扔在哪儿”游戏能够有效培养孩子的环保意识和秩序感。通过垃圾分类的实践活动，孩子将学会如何根据垃圾的种类进行合理分类，这能增强他们的认知能力和逻辑思维。这一游戏还可以帮助孩子理解环保的重要性，提高他们的社会责任感。

上课了，请安静

游戏准备室

1. 准备一个小铃铛或哨子，用于发出上课和下课的信号。

2. 准备一些简单的学习材料，如图画书、拼图、积木等，供孩子们在“上课”时使用。

游戏体验馆

1. 父母充当“老师”，摇铃铛或吹哨子发出上课信号，孩子安静下来坐好。

2. 父母可以讲解一个简单的故事，展示一些图画书，或指导孩子进行拼图和积木等安静的活动。

3. 一段时间后，父母再次摇铃铛或吹哨子，发出下课信号。孩子可以站起来，自由活动一会儿，放松身心。

4. 在孩子们熟悉基本规则后，可以延长“上课”时间，或增加一些有挑战性的任务，如上课提问让孩子举手回答，或完成一个简单的手工制作活动等。

5. 在游戏过程中，父母要给予孩子鼓励和表扬，特别是当他们能够遵守纪律、保持专注时。

游戏纪念册

通过“上课了，请安静”游戏，孩子能够培养自己的自律能力和专注力，通过模拟上课和下课的情境，孩子还能学到如何在特定时间内遵守纪律和保持专注。这一游戏增强了他们的自我控制能力和时间管理意识，可以为他们步入小学做好准备。

布置房间

游戏准备室

1. 准备一些迷你家具和家居装饰品的玩具，如小床、小桌子、小椅子、地毯等。

2. 准备一些卡纸和彩色笔，让孩子可以绘画和制作自己的家居装饰品。

游戏体验馆

1. 父母将所有迷你家具和家居装饰品展示在桌面或地面上，让孩子熟悉每个物品的名称和用途。可以简单介绍每个物品的用途，如“小床是用来睡觉的，小桌子是用来学习的”。

2. 父母先示范如何规划房间布局，比如将小床放在房间的一角，小桌子放在窗户旁边。

3. 让孩子根据自己的喜好和想象力，使用迷你家具和家居装饰品布置房间。

4. 让孩子使用卡纸和彩色笔，绘制自己的家居装饰品，完成房间布置。

5. 游戏过程中，家长还可以询问孩子一些问题，以增强游戏的互动性。比如，问孩子：“为什么要把小床放在这里？”“你做的这个小桌子有什么厉害的功能？”

游戏纪念册

通过“布置房间”游戏，孩子的空间意识和秩序感将获得充分提升。通过布置迷你房间，孩子将学会如何规划和安排空间，同时增强自己的动手能力和审美能力。在游戏中制作装饰品和展示作品，也能帮助孩子提高他们的想象力和创造力。

文明小司机

游戏准备室

1. 准备几个玩具汽车或自行车、平衡车（如果有空间，孩子可以自己“驾驶”）。

2. 准备一些简单的交通标志牌（可以自制，如红绿灯标志、停车标志、行人过马路标志等）。

3. 绘制一个简易的道路场景，或者用绳子、胶带在地板上、院落中模拟出“马路”“人行道”等。

游戏体验馆

1. 父母先让孩子选择一辆玩具车或者假装自己是“小司机”，告诉孩子：“你今天是一名小司机，要开车到目的地哦！在路上，你要遵守交通规则，注意红绿灯和交通标志。”孩子可以坐在玩具车上，或者站在“驾驶区域”假装自己是司机。

2. 父母向孩子展示自制的交通标志，并简要介绍它们的含义。例如："这个红灯表示要停下，绿灯可以走""看到这个停车标志要停下来看看有没有人过马路""人行横道是行人专门走的地方"。

3. 父母在"道路"上设置好交通标志牌，如"红绿灯""停车标志""行人过马路"标志等。然后让孩子"驾驶"玩具车沿着道路行驶，遇到交通标志时提醒孩子注意并遵守规则。例如："前面是红灯，应该怎么办？"当孩子正确停下来时，父母可以表扬："真棒！文明小司机真遵守规则！"

4. 父母可以扮演"行人"或"交警"，与孩子互动。例如，当父母作为行人走到"斑马线"前时，孩子要"停车"让行；或者父母作为交警举起停车牌时，孩子需要听从指令停下。

5. 随着孩子对交通规则的理解逐步加深，父母可以增加更多的交通标志，或者让孩子驾驶更复杂的"路线"，如："你现在要转弯，注意前面的红绿灯！"帮助孩子掌握更多的交通场景规则。

游戏纪念册

"文明小司机"游戏可以让孩子在游戏中学习和实践交通规则，认识基本的交通标志。孩子不仅能在游戏中培养秩序感和规则意识，还能学会如何在生活中保护自己和他人，增强他们的安全意识。

击鼓传球

游戏准备室

1. 准备一个小鼓或其他可以发出声音的敲击物品，如玩具鼓、锅盖等。

2. 准备一个小球，确保它适合孩子抓握和传递。

3. 确保有一个宽敞的游戏区域，让孩子与朋友或其他家庭成员可以围坐成圈，方便传递小球。

游戏体验馆

1. 让孩子们或其他家庭成员围坐成圈，父母开始敲击鼓，孩子们开始传递小球。当鼓声停止时，拿着小球的孩子需要完成一个小任务或回答一个问题。

2. 在孩子们熟悉基本规则后，可以增加游戏的难度。比如敲击鼓的节奏可以快慢变化，或传递的小球可以换成不同的物品，以测试孩子们的反应速度和灵活性。

3. 在游戏过程中，父母要给予孩子鼓励和表扬，特别是当他们完成任务或回答问题时。通过积极的反馈，增强孩子的自信心和参与感。

4. 在游戏过程中，可以引入加分和扣分机制，增强游戏的竞技性，考验孩子们对游戏规则的遵守能力。

游戏纪念册

“击鼓传球”游戏不仅能够极大提高孩子的反应速度，还能培养孩子的团队合作能力。通过传递小球和完成任务，孩子将学习如何在特定规则下进行合作和竞争，这能增强他们的秩序感和规则意识。游戏中的互动和任务，还能帮助孩子提高创造力和解决问题的能力。

布娃娃去上学

游戏准备室

1. 准备一个布娃娃或其他玩具娃娃。

2. 准备一些小型布娃娃的衣服、鞋子、背包、餐具等道具。

3. 准备一个宽敞的区域，将这个区域分成几部分，比如卧室、客厅、教室等。

游戏体验馆

1. 父母先给孩子讲述每一个步骤的游戏规则。比如，父母可以告诉孩子这个游戏一共有几个环节，如“叫布娃娃起床”“帮布娃娃穿衣服”“喂布娃娃吃早餐”等。

2. 叫布娃娃起床：父母可以对孩子说：“布娃娃今天要去上学了！我们要先帮她起床哦！”接下来，引导孩子“叫醒”布娃娃，比如说：“布娃娃，快起床了，今天我们要去学校！”然后用手将它从“床”上抱起，并模仿早晨的洗脸刷牙

动作。

2. 帮布娃娃穿衣服：父母可以对孩子说：“布娃娃要穿好外套和鞋子，这样才能准时去上学哦。”接下来便可以让孩子帮布娃娃穿上衣服、鞋子，并准备她的书包。父母可以在旁边指导。

3. 喂布娃娃吃早餐：父母可以引导孩子说：“上学前要吃早餐哦！你可以帮助布娃娃选择健康的食物吗？”接下来让孩子先选择健康的食物，然后再用玩具餐具给布娃娃“喂”早餐。

4. 游戏不仅局限于早晨上学前的情景，还可以模拟家庭中的其他场景，比如还可以带布娃娃“去超市购物”“去公园玩耍”，这样能让孩子体验更多生活秩序。

游戏纪念册

“布娃娃去上学”游戏不仅能帮助孩子了解日常生活中的秩序和规则，还能增强他们的责任感和对生活技能的认知。孩子通过在游戏中模仿并重复生活中的基本技能，逐步养成良好的习惯，学会遵守生活中的时间安排和行为规范。

第四节 感官敏感期教养方案及游戏方法

3~6 岁的孩子对周围世界的各种感官刺激特别敏感，总爱用眼睛看、耳朵听、鼻子闻、嘴巴尝、小手摸来探索周围环境中的各种细节。家长要抓住这个机会，给孩子提供多种多样的感官体验，帮助他们提升感知力和认知水平。

感官敏感期教养方案

在这个阶段，孩子对颜色、形状还有空间关系特别感兴趣。家长可以带着孩子去美术馆、博物馆或者户外走走，让他们看看各种美丽的画面和自然景观，感受不一样的视觉享受。还可以和孩子一

起画画、拼图，让他们在动手创作中体验颜色的搭配和图形的组合乐趣。

3～6岁的孩子对声音的细微变化也很敏感。家长可以放些不同类型的音乐，比如古典乐、儿童歌曲，或者和孩子一起玩一些简单的打击乐器，如小鼓、沙锤等，让孩子在音乐的节奏和音调变化中感受音乐的美好。

3～6岁的孩子对味道和气味的感知力也越来越强。家长可以在保证安全的情况下，让孩子尝尝不同的食物，体验各种味道的不同。也可以带孩子去闻闻花香、品品茶香，让他们感受大自然中丰富多彩的气味。

在这一阶段，孩子还是喜欢通过触摸来感受物体的特点和差异。家长可以带孩子去大自然中走走，让他们亲手摸摸不同的东西，感受触感的差别。还可以和孩子玩玩“神秘袋”游戏，让他们摸摸袋子里的东西，猜猜是什么材质、什么形状，这种游戏不仅能锻炼孩子的触觉敏感性，还能提升他们的逻辑推理和抽象思维能力。

感官敏感期的游戏方法

神秘袋

游戏准备室

1. 准备一些常见的儿童玩具和物品，如积木、小汽车、毛绒玩具、勺子等，每次游戏选取 5 ~ 10 种物品。

2. 准备一个不透明的袋子，用于盛装这些物品。

游戏体验馆

1. 父母向孩子解释“神秘袋”游戏的基本规则，即通过触摸，猜出袋子里的物品。

2. 父母将所有物品展示给孩子看，让他们熟悉每件物品的外形和特征。然后，将这些物品放入不透明的袋子中。

3. 让孩子依次将手伸进袋子里，触摸其中的物品，并尝试猜出是什么。孩子只能通过触觉进行判断，不能通过视觉查看物品。

4. 如果孩子猜不出，父母可以引导他们描述物品的形状、质地和其他特征，比如“这个物品是什么形状的？”“哪件物品摸起来有点硬？”等。

5. 每次孩子猜出物品后，取出该物品进行验证。如果孩子猜对了，父母要给予孩子适当的表扬；如果孩子猜错了，就再多尝试几次。

游戏纪念册

“神秘袋”游戏能够促进孩子的触觉感知能力发展和认知能力的发展。通过触摸和描述物品，孩子的触觉敏感性和语言表达能力都能得到锻炼。这个游戏还可以提高孩子的记忆力，因为他们需要记住物品的特征并进行判断。

一起来找茬

游戏准备室

1. 准备两套几乎相同的图片，其中一套图片有一些细微的不同（例如，颜色不同、图片不完整、小物件的大小不同等）。

2. 准备一些画笔，用来做标识。

游戏体验馆

1. 将两套几乎相同的图片放在桌面或地面上，确保每张图片都有一对相应的图片。

2. 为孩子讲述规则，告诉孩子，两张图片看起来很相似，但其中一张图片有一些细微的不同。

3. 鼓励孩子指出不同的地方，并用语言描述这些不同，例如“这张图片少了一只猫”或“这个球的颜色不一样”。

4. 重复这一过程，让孩子观察和比较其他几对图片，找出所有的不同之处。

游戏纪念册

通过“一起来找茬”游戏，孩子可以发展视觉感知力和专注力，增强细节辨识能力，同时培养逻辑思维和语言表达能力。

听指令做动作

游戏准备室

1. 准备一个空旷、安全的活动空间，确保孩子可以自由地移动和做动作。

2. 准备一些简单的指令卡片或图示（如跳、跑、转圈、拍手等）。

游戏体验馆

1. 父母为孩子展示卡片，并用简单的语言向他们解释每一张卡片上的指令。例如："这张卡片是跳跃，我们来跳一下。"

2. 父母先为孩子示范几次，展示如何根据指令卡片做动作，例如拿起"跳跃"卡片时，父母跟随孩子一起跳跃。

3. 鼓励孩子依次选择不同的指令卡片，并跟随指令做动作。

4. 在孩子熟悉游戏后，父母可以对游戏进行一些有趣的调整，比如，加入快慢指令（快速跑、慢慢转圈），增加游戏的趣味性和挑战性。

游戏纪念册

"听指令做动作"游戏可以提升孩子的听觉理解能力，增强他们的执行力，同时培养孩子的手眼协调能力、身体控制能力以及注意力和反应速度。

蔬菜的味道

游戏准备室

1. 准备几种常见的蔬菜（如胡萝卜、黄瓜、西红柿、甜椒等），切成小块。

2. 准备一些小碗或盘子，用于放置切好的蔬菜。

3. 准备湿纸巾或毛巾，供孩子擦手。

游戏体验馆

1. 将小碗或盘子排列在桌面或地面上，确保每种蔬菜都容易拿到。

2. 逐一向孩子介绍每种蔬菜的名称和颜色，例如："这是胡萝卜，橙色的胡萝卜。"

3. 让孩子用眼睛观察，用手触摸，感受每种蔬菜的外观和质地，并让他们放进嘴里品尝。

4. 鼓励孩子描述蔬菜的味道和口感，例如"这个脆脆的，是黄瓜"。

5. 让孩子根据味觉猜测是什么蔬菜，然后睁开眼睛验证答案。

游戏纪念册

通过"蔬菜的味道"游戏，孩子可以发展味觉感知和认知能力，增强对健康饮食的兴趣和理解，同时培养观察力和语言表达能力。

缤纷百味瓶

游戏准备室

1. 准备 6~8 个干净的小瓶子或小罐子，透明或不透明都可以。

2. 准备各种不同的香料或安全可闻的物品，如橙皮、醋、薄荷叶、虾酱、香草、柠檬片、丁香等。确保这些物品是安全无害的，并且具有明显的气味。

3. 瓶子上要标记好标签或编号，用于标记每个瓶子的气味。

游戏体验馆

1. 父母可以先准备好各种不同的香料或物品，并将它们分别装进小瓶子里。每个瓶子只装一种物品，尽量确保瓶子的气味足够浓郁。瓶子上可以贴上标签或编号，但不要写上气味的名字。

2. 父母对孩子解释游戏规则，比如说："今天我们要玩一个特别的闻气味游戏，看看你能不能猜出瓶子里的气味是什么！你要用鼻子仔细闻一闻，然后告诉

我它是什么味道。”父母可以给出简单的例子，如：“闻一闻这个瓶子，看看是不是闻起来像橙子？”

3. 父母将装有不同气味的瓶子依次递给孩子，要求孩子轻轻打开瓶盖，用鼻子闻一闻瓶子里的气味。每闻完一种气味后，孩子可以说出自己认为的气味名称，例如：“这是咖啡的味道！”

4. 如果孩子猜对了，父母可以给予表扬并讲解这种气味的来源或使用场合，例如：“这是咖啡豆的味道，爸爸妈妈每天早上都喜欢喝咖啡。”如果孩子没有猜对，也可以给予鼓励，提示他们下一次更加仔细地闻。

游戏纪念册

“缤纷百味瓶”游戏通过嗅觉训练，可以帮助孩子提升对气味的敏感度，增强其感官体验。孩子通过闻气味、辨别气味和表达气味的过程，不仅能锻炼嗅觉，还能提升语言表达能力、专注力和记忆力。

神奇光影

游戏准备室

1. 准备一个手电筒或其他光源，小台灯或手机手电筒都可以。

2. 准备各种形状的卡纸剪影（如动物、树木、房屋、人物等），父母也可以用手指做出简单的手影形状。

3. 准备一块白墙或白布，作为投影的背景。用窗帘或遮光物来保证房间较为昏暗，方便看清光影效果。

游戏体验馆

1. 父母先向孩子解释游戏的基本规则。比如，父母可以说："今天我们要玩'神奇光影'的游戏，通过光和影子，我们来猜猜看这些形状是什么！"父母可以先演示一下，将手电筒对准剪影，并将影子投射到墙上或布上，展示影子的变化。

2. 父母将手电筒打在剪影后面，投射出影子。然后引导孩子通过观察影子形状猜测剪影的内容。父母可以说："看看这个影子像什么呢？它是什么动物？"

3. 父母还可以用手指做出不同的手影形状，如兔子、狗、鸟等，让孩子猜猜这些形状代表的动物，锻炼他们的视觉辨识能力和想象力。

4. 父母可以移动手电筒的位置，调整影子的大小和形状。例如，逐渐将手电筒靠近或远离卡纸，影子的形状会变大或变小。让孩子观察光影的变化，说出影子是如何变化的。

5. 在孩子熟悉了光影变化之后，父母可以让孩子自己动手操作，拿着手电筒照射卡纸或用手做手影。鼓励孩子用手电筒照出不同的影子，并尝试移动光源，观察影子的变化。父母也可以引导孩子用手指或道具创造自己的影子造型，让孩子自由发挥想象力，创造更多有趣的光影形象。

游戏纪念册

“神奇光影”游戏不仅能锻炼孩子的视觉辨识能力，还能帮助他们通过观察和思考来理解光影之间的关系。孩子通过光影的变化感受大小、形状的不同，增强他们的空间感知能力和想象力。

第五节 运动敏感期教养方案及游戏方法

3~6岁，是孩子大运动和精细运动技能飞速进步的宝贵时期，他们对各种身体活动充满了好奇和热情。家长要在这个阶段给孩子提供多样的运动体验，设计专门的活动，帮他们提升良好的身体协调能力、平衡感。

运动敏感期教养方案

平衡和协调是这一阶段儿童运动发展的重点。家长可以通过一些简单又好玩的游戏，帮助孩子加强这些能力。比如，和孩子一起玩“走平衡木”的游戏，让他们试着在一条直线上走走，这样就能

锻炼平衡感了；还可以玩“模仿小动物”的游戏，让孩子学学不同动物是怎么爬行或跳跃的，这样身体的协调性和灵活性也能提高不少。家长还可以鼓励孩子试试单脚站立、旋转跳跃这些动作，帮他们更好地掌握身体的平衡和协调。

3～6岁的孩子也开始能理解并遵守一些简单的规则了。家长在运动活动中，要有意识地引导孩子学习基本的运动规则和安全知识。比如，踢球或接力赛的时候，可以教孩子怎么遵守比赛规则；骑车或玩滑板的时候，要让孩子知道佩戴护具和遵守交通规则有多么重要。这样，孩子不仅能更好地参与运动活动，还能学会在活动中保护自己和他人。

在这一阶段，家长还要多留意孩子在运动方面的兴趣爱好。如果孩子对某项运动特别感兴趣，比如游泳、跳舞或者球类运动，家长可以考虑给他们报个兴趣班，让他们在专业的指导下系统地学习。同时，家长也要鼓励孩子在运动中勇敢面对困难、坚持不懈，这样不仅能提升他们的运动能力，还能培养他们在面对挑战时的耐心和毅力。

运动敏感期的游戏方法

折纸游戏

游戏准备室

1. 准备多张彩色的正方形纸张，适合折纸使用。

2. 准备几个简单的折纸示范图或手工书，供参考。

游戏体验馆

1. 将多张彩色正方形纸张准备好，放在桌面上，方便孩子拿取。

2. 向孩子展示几种简单的折纸示范图，如纸船、纸飞机、纸鹤等。

3. 父母为孩子示范如何折一种简单的折纸，如纸船，要一步一步地慢慢展示每一个折纸步骤。

4. 鼓励孩子模仿父母的动作，尝试自己折纸。父母可以在旁边提供帮助和指导。

5. 让孩子选择自己喜欢的彩色纸张，尝试更多不同的折纸作品，最好能让孩子发挥创造力和想象力，折出自己独特的作品。

游戏纪念册

孩子通过“折纸游戏”，可以发展精细运动技能和手眼协调能力，增强手部肌肉的力量和灵活性，同时培养创造力和专注力。这类有趣的手工游戏还能帮助孩子，在轻松愉快的氛围中进行早期手工训练，培养艺术能力。

枕头大战

游戏准备室

1. 准备几个柔软的枕头或抱枕。

2. 准备空间足够大，且没有障碍物的室内区域，确保孩子可以安全地活动。

游戏体验馆

1. 父母先示范如何用枕头轻轻地拍打对方。

2. 鼓励孩子模仿父母的动作，尝试自己拿枕头进行游戏。避免在游戏过程中用力过猛，确保安全。

3. 在游戏中加入短暂的休息时间。

游戏纪念册

通过“枕头大战”游戏，孩子可以释放更多的精力，发展大肌肉群，提升身体协调能力，增强平衡感。同时，这种互动类型的游戏，可以帮助孩子在轻松愉快的氛围中获得早期的运动训练。

自然寻宝游戏

游戏准备室

1. 选择一个安全且自然物品丰富的场所，如公园、森林等。确保场地内有丰富的植物、石头、昆虫等自然元素供孩子寻找。

2. 制作一份详细的寻宝清单，上面列出孩子需要在户外找到的自然物品。这些物品可以包括特定颜色的花朵，不同形状的叶子，各种类型的石头、昆虫、鸟类等。

3. 为孩子准备一个小背包，里面放置寻宝清单、放大镜、塑料袋、手机（拍照用）、饮用水等。

游戏体验馆

1. 家长要先向孩子讲解游戏的规则和目标，确保其明白需要寻找哪些物品以及如何记录他们的发现。

2. 家长给孩子发放寻宝清单和工具，确保其知道如何安全地收集和保存找到的物品。

3. 家长宣布游戏开始，并陪同孩子开始在指定的区域内寻找清单上的物品。家长可以提供必要的指导和帮助，但尽量让孩子自主完成任务。

4. 当孩子们找到清单上的物品时，让其在寻宝清单上打钩。如果物品可以收集，如叶子、石头和花瓣，让他们将这些物品放入塑料袋中。对于无法收集的物品，如鸟类和昆虫，则可以让孩子用手机拍下照片。

5. 家长要设定一个合理的时长，例如一小时，确保孩子们在规定时间内完成任务。

游戏纪念册

“自然寻宝游戏”是一种既有趣又富有教育意义的户外互动活动，通过让孩子们在自然环境中寻找特定的物品，能够培养他们的观察能力、思维能力和解决问题的能力，同时，还可以锻炼孩子的运动能力，让孩子在运动中获得知识。

夹黄豆

游戏准备室

1. 准备一些黄豆或其他类似大小的小物件。

2. 准备一把孩子使用的安全夹子或一双筷子。

3. 准备几个小碗或杯子，用于放置黄豆。

游戏体验馆

1. 将黄豆放入一个小碗或盘子中，确保数量适中。

2. 父母先示范如何使用夹子或筷子夹起黄豆，将其从一个碗中夹到另一个碗中。

3. 鼓励孩子模仿父母的动作，尝试自己使用夹子或筷子夹黄豆。

4. 让孩子用夹子或筷子夹黄豆，从一个碗中夹到另一个碗中。

5. 父母与孩子进行比赛，看谁能在规定时间内夹更多的黄豆。

6. 当孩子熟练该游戏后，可以引入更多种类的豆子，比如红豆、黑豆、绿豆等。这时，除了让孩子夹豆子外，还可以让孩子将豆子分类，并按照特定数字去夹取豆子。

游戏纪念册

通过“夹黄豆”游戏，可以帮助孩子发展精细运动技能和手眼协调能力，增强孩子手指肌肉的力量和灵活性，同时培养耐心和专注力。

一起串项链

游戏准备室

1. 准备各种颜色和形状的珠子，大小适合孩子抓握和串联。

2. 准备适量的细绳或尼龙线，长度适中，便于孩子操作。

游戏体验馆

1. 将各种颜色和形状的珠子分类放在小碗或盒子里，在细绳或尼龙线的一端打个结，防止珠子滑落。

2. 父母为孩子示范如何将珠子一个一个地串在绳子上，并为孩子展示不同颜色和形状珠子的组合。

3. 让孩子选择自己喜欢的珠子颜色和形状，自由组合，串成项链、手链等。

4. 鼓励孩子发挥想象力和创造力，设计出独特的串珠作品。

5. 组织一个小型的展示会，展示孩子的串珠作品，请大家给予孩子赞赏和鼓励。

游戏纪念册

“一起串项链”游戏可以锻炼孩子的手眼协调能力和精细运动技能，增强孩子手指的灵活性和控制力，培养他们的创造力和专注力，这个游戏还能培养孩子的审美能力，让孩子对艺术产生浓厚兴趣。

一笔画

游戏准备室

1. 准备多张白纸或画板，适合绘画使用。

2. 准备各种颜色的彩色笔、蜡笔或水彩笔。

3. 准备一些简单的示范图案，如星星、房子、树等。

游戏体验馆

1. 将白纸或画板放在桌面或地面上，彩色笔、蜡笔或水彩笔放在一旁。

2. 父母向孩子展示一些简单的示范图案，并解释一笔画的规则。父母可以说："今天我们要玩一笔画的游戏！你要从起点开始，一笔画完一个图案，不能停下或抬笔。看你能不能把这个星星、房子或小猫一笔画出来！"

3. 父母可以先示范，用笔在纸上从头到尾画出一个简单的图案，并告诉孩子："这是我用一笔画出来的，你可以试试看吗？"

4. 孩子可以从简单的图形开始，如直线、三角形、正方形等，尝试用一笔完成图案。父母可以为孩子画出起点和终点，并指导孩子如何在不抬笔的情况下完成一笔画。

5. 随着孩子逐渐掌握技巧，父母可以逐步增加图案的难度，比如画更复杂的房子、动物等。为了增加趣味和挑战性，父母和孩子可以轮流在同一张纸上进行一笔画接龙，先由一个人画出一部分，接着另一人继续画，直到完成整个图案。

游戏纪念册

"一笔画"游戏可以帮助孩子提升手眼协调能力、精细动作控制能力以及空间感知能力。通过不断尝试，孩子能够增强专注力和耐心，学会控制手部力量和动作的连贯性。同时，孩子还能体验到绘画的乐趣，发展创造力和自我表达能力。

第六节 智力发展敏感期教养方案及游戏方法

在这一阶段，孩子对周围的一切都充满了好奇，他们的小脑袋里正悄悄地孕育着各种思维能力。家长要给孩子提供丰富的学习机会和多样化的智力活动，帮助他们在探索和实践中发展认知能力和思维能力。

智力发展敏感期教养方案

3~6岁的孩子对周围的事物充满了好奇，喜欢通过观察和实验来了解事物的因果关系和内在规律。家长可以在日常生活中为孩子设计一些简单的科学实验或探索活动，如“叶片的光合作用”或“水的浮力”。在这些实验中，家长要引导孩子提出问题、观察变化并记录结果，让他们在动手实践中理解基本的科学概念和因果关系，培养孩子的探索精神和逻辑思维能力。

这一阶段的孩子开始对数字和形状表现出浓厚的兴趣。家长可以通过日常生活中的数字游戏、图形拼搭等活动，帮助孩子建立数理思维和空间感知能力。比如，家长可以用数字卡片进行“数字接龙”游戏，让孩子练习数数和简单的加减运算；或者通过“七巧板拼图”和“乐高搭建”等活动，让孩子在动手操作中理解形状组合和空间关系。此外，家长还可以通过日常活动，如量身高、称体重、数台阶等，帮助孩子在实际情境中感受数学的应用，增强他们对数字和量的理解。

智力发展不仅包括逻辑思维和语言能力的提升，还包括情感认知和社会交往能力的培养。家长可以通过角色扮演、情景模拟等方式，帮助孩子理解他人的情感和行为。例如，可以通过“过家家”的游戏，让孩子扮演不同的角色，体验各种社会情境和人际互动关系。在这些活动中，家长要引导孩子学会理解他人的情感需求和行为动机，提高他们的情商和社交能力。

智力发展敏感期的游戏方法

找到他的家

游戏准备室

1. 准备一些适合孩子年龄的动物或人物卡片，每张卡片上有一个不同的动物或人物形象。

2. 准备一些房屋或栖息地的图片或卡片，每张卡片上有不同的房屋或栖息地，如鸟巢、狗窝、猫屋、人类的房子等。

游戏体验馆

1. 父母为孩子简单介绍每个动物的名称、习性以及它们的栖息地。

2. 引导孩子将动物或人物卡片与相应的房屋或栖息地卡片配对，找到每个动物或人物的“家”。

3. 在孩子熟悉基本配对规则后，可以增加一些挑战。比如增加更多的卡片组合，或让孩子在限定时间内完成配对，提升游戏的难度。

游戏纪念册

“找到他的家”游戏能够促进孩子的认知能力发展，孩子可以通过配对动物与它们的栖息地，学习如何根据特征和习性进行分类和匹配，这对他们的逻辑思维和分析能力也有很大帮助。在游戏过程中，孩子还可以学习关于动物的相关知识，拓宽他们的知识面。

迷宫中的小狗

游戏准备室

1. 准备一张大纸或白板，在上面绘制一个简单的迷宫图案。迷宫的复杂度根据孩子的年龄和能力来调整，可以是直线型或曲线型的路径。

2. 准备一些小玩具或小物件，代表迷宫中的小狗和其他关键点。

3. 准备一个小白板擦或橡皮擦，用于修改迷宫路径或重新开始游戏。

游戏体验馆

1. 在大纸或白板上绘制一个简单的迷宫图案，设定起点和终点，并在迷宫中添加一些有趣的标志点，如食物、玩具或骨头。

2. 让孩子从起点出发，根据迷宫路径移动小狗，尝试找到通往终点的正确路线。

3. 孩子需要在通过迷宫到达终点的同时，收集途中遇到的标志物。

游戏纪念册

“迷宫中的小狗”游戏能够提升孩子的空间认知能力和问题解决能力。通过在迷宫中寻找路径和收集标志物，孩子也能学习如何进行路径规划，这可以增强他们的逻辑思维和推理能力。

数字闯关

游戏准备室

1. 准备一些卡片，上面分别写有数字 1 到 10 或更大的数字，根据孩子的年龄和认知水平调整数字范围。

2. 准备一些带有简单算术题的卡片，如“5-2=？”“4+3=？”等，确保题目难度适合孩子的理解能力。

3. 准备一个平整的桌面或地面作为游戏的操作区域，并准备一些小奖品或贴纸，作为孩子完成任务的奖励。

游戏体验馆

1. 将数字卡片按顺序排列在桌面或地面上，让孩子熟悉每个数字。可以简单介绍数字的含义和书写方式，帮助孩子记忆。

2. 父母可以先示范如何回答卡片上的问题，例如“2+2=4”。回答正确后，孩子可以将该卡片放入“已完成”区，并继续回答下一张卡片的问题。

3. 让孩子依次回答卡片上的问题或算术题。父母可以在一旁提供适当的帮助和提示，确保孩子理解每个问题并进行正确地计算。

4. 在孩子答对问题和回答完所有问题时，给予小奖品或贴纸作为奖励。

游戏纪念册

通过“数字闯关”游戏，孩子的数学认知和计算能力都能获得一定提升。回答数字问题和算术题的时候，孩子也能学习到基本的数学概念和运算规则，这对他们的逻辑思维和分析能力有很大帮助。

趣味俄罗斯方块

游戏准备室

1. 准备一些彩色卡纸或纸板，可以用废旧的硬纸板或包装盒剪成方块形状。

2. 准备剪刀（由父母使用或孩子在父母监护下使用）、水彩笔或彩色胶带、尺子和铅笔等工具。

游戏体验馆

1. 父母和孩子一起动手，先在纸板上用尺子画出标准的方块形状。每个方块的大小要一致，比如边长 4 厘米的正方形。

2. 父母让孩子根据自己的示范，把每四个方块组合成不同的俄罗斯方块形状（如 L 形、T 形、Z 形、I 形等），父母可以帮助孩子剪裁和固定形状。

3. 每个俄罗斯方块形状做好后，父母和孩子一起用水彩笔为每种形状涂上不同颜色，以便更好地识别和分辨。

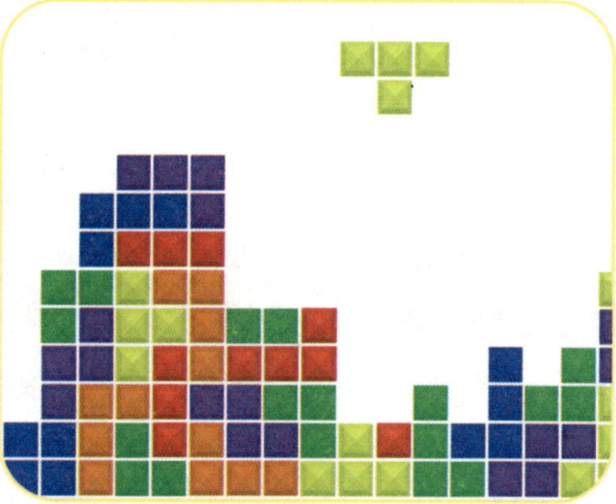

4. 准备一个大一些的空白纸板，作为俄罗斯方块游戏的“游戏板”，父母要在纸板上画出方形网格，以方便孩子在这个纸板上拼出完整的图案。

5. 游戏开始后，父母要向孩子解释游戏的具体规则。比如，父母可以对孩子说：“今天我们要玩‘趣味俄罗斯方块’！你要把这些形状不同的方块拼在一起，不留下空隙哦！让我们看看你能不能完美拼好这些俄罗斯方块！”

6. 父母可以先示范，将不同形状的俄罗斯方块放在大纸板上，然后让孩子自己尝试摆放俄罗斯方块，父母可以用简单的提示帮助孩子。比如，父母可以说：

“试试把这个 L 形放在左边，看看能不能跟右边的方块拼好。”

7. 随着孩子逐渐熟练，可以让他们挑战更复杂的图案。父母也可以和孩子轮流给对方出拼图挑战。比如，父母可以故意留下几个方块空位，让孩子来拼好，或者让孩子先摆好部分图案，父母负责完成剩下的部分。

游戏纪念册

“趣味俄罗斯方块”不仅能通过动手制作和拼图游戏，帮助孩子提升空间感知能力和逻辑思维能力，还能培养他们的创造力、专注力和解决问题的能力。

美丽沙画

游戏准备室

1. 准备彩色沙画套装，包括各种颜色的沙子和沙画模板。确保使用安全无毒、环保的沙子。

2. 准备一个浅盘或托盘，用于盛放沙子，防止沙子散落到桌面上。

3. 准备一些小刷子或塑料勺子，用于取用和分撒沙子。

4. 准备一个平整的桌面，铺上旧报纸或防水布，方便清理和整理。

游戏体验馆

1. 父母向孩子讲解如何使用模板和彩色沙子来制作图案。

2. 让孩子选择自己喜欢的沙画模板，可以是简单的图案，如动物、花卉、卡通人物等。要确保模板设计适合孩子的年龄和能力。

3. 父母示范如何使用小刷子或塑料勺子，将不同颜色的沙子分撒在模板上的各个区域。让孩子自己动手，主动选择颜色并进行分撒。提醒孩子每次只取少量沙子，避免浪费和混色。

4. 孩子将所有区域填满沙子后，父母可以帮助孩子轻轻拍打模板，确保沙子均匀分布。然后，轻轻摇动模板，将多余的沙子倒回托盘中。

游戏纪念册

通过“沙画游戏”，孩子的创造力和动手能力能获得充分提升。通过自由选择颜色和制作图案，能让孩子的想象力和艺术表达能力得到充分发挥。

创造大师

游戏准备室

1. 准备多种颜色的无毒橡皮泥，确保安全适合儿童使用。可以选择几种基本颜色，同时也可以混合创造更多颜色。

2. 准备一些小工具，如塑料刀、模具、滚筒等，帮助孩子塑形和切割橡皮泥。

3. 准备一个干净的桌面或垫子，作为孩子制作橡皮泥作品的操作区域，同时方便清理和整理。

游戏体验馆

1. 父母向孩子介绍不同颜色的橡皮泥和工具，展示如何使用工具来塑形和切割橡皮泥。

2. 让孩子自由选择颜色和工具，进行橡皮泥创作，鼓励孩子捏出简单的形状，如球、蛇、饼干等，让他们逐步熟悉橡皮泥的操作。

3. 父母可以提出一个主题，如“动物园”“生日派对”或“交通工具”，引导孩子围绕主题进行创作。

游戏纪念册

“创造大师”游戏不仅能够激发孩子的想象力、创造力，还能培养孩子的动手能力。通过自由捏制和创作，孩子的艺术表达能力将得到充分发挥。使用工具进行塑形和切割，也能够锻炼孩子的精细运动技能和手眼协调能力。

参考文献

[1] 玛利亚·蒙台梭利 . 童年的秘密 [M]. 单中惠，译 . 北京：长安出版社 .2010.
[2] 玛利亚·蒙台梭利 . 蒙台梭利儿童敏感期手册 [M]. 蒙台梭利丛书编委会，译 . 北京 : 中国妇女出版社，2016.
[3] 尹亚楠，吴永和 . 蒙台梭利家庭方案 [M]. 杭州 : 浙江教育出版社，2018.
[4] 玛利亚·蒙台梭利 . 蒙台梭利 0 ~ 5 岁早教游戏训练：0 ~ 5 岁儿童智力训练 [M]. 蒙台梭利丛书编委会，译 . 北京 : 中国妇女出版社，2016.
[5] 玛利亚·蒙台梭利 . 蒙台梭利 0 ~ 5 岁早教游戏训练：0 ~ 5 岁儿童语言能力训练 [M]. 蒙台梭利丛书编委会，译 . 北京 : 中国妇女出版社，2016.
[6] 玛利亚·蒙台梭利 . 蒙台梭利 0 ~ 5 岁早教游戏训练：0 ~ 5 岁儿童优秀性格养成训练 [M]. 蒙台梭利丛书编委会，译 . 北京 : 中国妇女出版社，2016.
[7] 辛有美，西多妮·本茨 . 艺术游戏力：法国创意教育的秘密 [M]. 李倩，译 . 北京 : 北京日报出版社，2020.
[8] 李静 . 陪孩子玩到入园：蒙台梭利早教游戏训练 [M]. 苏州 : 古吴轩出版社，2021.
[9] 玛格丽特·麦克莱根，安妮·巴克利 .0 ~ 6 岁，抓住孩子的语言关键期 [M]. 逯洁，译 . 北京 : 九州出版社，2018.
[10] 蒙台梭利丛书编委会 . 蒙台梭利早教在家庭：0 ~ 6 岁儿童优秀性格训练 [M]. 北京 : 中国妇女出版社，2017.
[11] V.M. 希利尔 . 教养的秘密——希利尔 0 ~ 6 岁儿童黄金训练法 [M]. 刘思淼，译 . 北京 : 北京理工大学出版社，2012.
[12] 沈闯 . 别让孩子错过 0 ~ 6 岁敏感期 [M]. 北京 : 中国纺织出版社，2019.
[13] 程玉秋 . 0 ~ 6 岁全程育儿大百科 [M]. 北京 : 中国中医药出版社有限公司，2024.
[14] 郑佳雯 . 一看就懂的育儿心理学（0 ~ 6 岁）[M]. 成都 : 四川文艺出版社，2023.
[15] 藤崎达宏 . 0 ~ 6 岁蒙台梭利养育法 [M]. 范宏涛，译 . 北京 : 中国致公出版社，2022.